I0567101

DISCLAIMER

The author and publisher are providing this book and its contents on an "as is" basis and make no representations or warranties of any kind with respect to this book or its contents. The author and publisher disclaim all such representations and warranties, including but not limited to warranties of merchantability. In addition, the author and publisher do not represent or warrant that the information accessible via this book is accurate, complete, or current.

Except as specifically stated in this book, neither the author nor publisher, nor any authors, contributors, or other representatives will be liable for damages arising out of or in connection with the use of this book. This is a comprehensive limitation of liability that applies to all damages of any kind, including (without limitation) compensatory; direct, indirect, or consequential damages; loss of data, income, or profit; loss of or damage to property; and claims of third parties.

This Book Comes With Free Bonus Puzzles
Available Here:

BestActivityBooks.com/WSBONUS20

5 TIPS TO START!

1) HOW TO SOLVE

The Puzzles are in a Classic Format:

- Words are hidden without breaks (no spaces, dashes, ...)
- Orientation: Forward & Backward, Up & Down or in Diagonal (can be in both directions)
- Words can overlap or cross each other

2) ACTIVE LEARNING

To encourage learning actively, a space is provided next to each word to write down the translation. The **DICTIONARY** allows you to verify and expand your knowledge. You can look up and write down each translation, find the words in the Puzzle then add them to your vocabulary!

3) TAG YOUR WORDS

Have you tried using a tag system? For example, you could mark the words which have been difficult to find with a cross, the ones you loved with a star, new words with a triangle, rare words with a diamond and so on...

4) ORGANIZE YOUR LEARNING

We also offer a convenient **NOTEBOOK** at the end of this edition. Whether on vacation, travelling or at home, you can easily organize your new knowledge without needing a second notebook!

5) FINISHED?

Go to the bonus section: **MONSTER CHALLENGE** to find a free game offered at the end of this edition!

Want more fun and learning activities? It's **Fast and Simple!**
An entire Game Book Collection just **one click away!**

Find your next challenge at:

BestActivityBooks.com/MyNextWordSearch

Ready, Set... Go!

Did you know there are around 7,000 different languages in the world? Words are precious.

We love languages and have been working hard to make the highest quality books for you. Our ingredients?

A selection of indispensable learning themes, three big slices of fun, then we add a spoonful of difficult words and a pinch of rare ones. We serve them up with care and a maximum of delight so you can solve the best word games and have fun learning!

Your feedback is essential. You can be an active participant in the success of this book by leaving us a review. Tell us what you liked most in this edition!

Here is a short link which will take you to your order page.

BestBooksActivity.com/Review50

Thanks for your help and enjoy the Game!

Linguas Classics Team

1 - Food #1

```
P  Q  F  M  A  C  R  H  B  T  M  K  G  P
W  E  R  W  Z  P  W  Þ  C  Ð  J  K  A  G
T  G  R  M  C  B  R  F  W  B  Ó  N  H  C
K  Q  B  A  H  Y  A  Í  N  Z  L  Ð  V  K
S  Ú  P  A  T  G  L  S  K  A  K  X  Í  V
Í  J  D  K  X  G  Ð  P  I  Ó  X  K  T  R
T  Ú  N  F  I  S  K  U  R  L  S  A  L  T
R  Y  W  N  Æ  P  A  M  S  A  F  A  A  D
Ó  O  L  J  B  Í  N  X  Y  U  D  W  U  F
N  Y  V  E  L  N  I  X  K  K  Z  S  K  Þ
U  R  U  V  P  A  L  T  U  U  A  W  U  Þ
H  N  E  T  U  T  O  P  R  R  I  A  R  B
V  G  U  L  R  Ó  T  E  X  I  P  N  Þ  Q
J  A  R  Ð  A  R  B  E  R  S  A  L  A  T
```

APRÍKÓSA	HNETU
BYGG	PERA
BASIL	SALAT
GULRÓT	SALT
KANIL	SÚPA
HVÍTLAUKUR	SPÍNAT
SAFA	JARÐARBER
SÍTRÓNU	SYKUR
MJÓLK	TÚNFISKUR
LAUKUR	NÆPA

2 - Castles

```
H  R  Q  D  P  P  T  T  V  P  L  Y  B  C
L  Þ  S  I  R  H  H  U  B  R  Y  N  J  A
R  Í  K  I  I  E  G  E  R  H  Ð  I  F  T
O  O  J  H  N  S  K  X  I  N  W  B  F  A
S  K  Ö  P  S  T  Ð  I  G  M  Y  Q  W  P
V  H  L  F  E  U  D  A  L  H  S  W  Þ  U
Q  Ö  D  N  S  R  X  H  K  D  Q  V  S  L
F  L  U  A  S  K  T  D  Ó  Ý  H  E  E  T
H  L  R  R  A  Q  Y  X  R  F  P  G  G  N
R  I  D  D  A  R  I  K  Ó  L  I  G  P  Q
U  N  I  C  O  R  N  Z  N  I  J  V  N  Y
B  V  K  S  L  D  Y  N  A  S  T  Y  N  L
P  R  I  N  S  Z  M  L  M  S  V  E  R  Ð
G  Ö  F  U  G  T  Ð  S  L  U  A  F  Ð  C
```

BRYNJA	RIDDARI
CATAPULT	GÖFUGT
KÓRÓNA	HÖLL
DREKI	PRINS
DÝFLISSU	PRINSESSA
DYNASTY	SKJÖLDUR
HEIMSVE	SVERÐ
FEUDAL	TURN
HESTUR	UNICORN
RÍKI	VEGG

3 - Exploration

```
T  Ó  M  H  Æ  T  T  U  L  E  G  U  R  U
U  U  Þ  Ð  M  Ð  S  W  E  K  G  J  H  Q
N  D  H  E  N  R  F  I  H  M  V  Z  U  C
G  V  G  Z  K  N  P  E  X  Q  W  Q  G  Q
U  I  N  V  F  K  I  A  S  Þ  L  U  R  L
M  S  X  L  E  I  T  N  D  Ý  R  P  E  A
Á  K  V  Ö  R  Ð  U  N  G  H  Þ  P  K  N
L  V  F  V  Ð  S  R  P  B  U  K  G  K  D
A  I  J  I  A  P  F  Ú  R  W  F  Ö  I  S
Ð  R  A  L  S  E  S  B  M  N  Ý  T  T  L
L  K  R  L  T  N  W  N  Æ  S  E  V  U  A
Æ  N  L  T  R  N  H  G  Ð  N  K  U  H  G
R  I  Æ  T  F  A  A  C  I  Ð  M  N  O  I
A  T  G  A  Q  N  C  T  G  N  A  B  X  I
```

VIRKNI	NÝTT
DÝR	HÆTTULEGUR
HUGREKKI	LEIT
MENNINGU	RÚM
ÁKVÖRÐUN	LANDSLAGI
UPPGÖTVUN	AÐ LÆRA
FJARLÆG	FERÐAST
SPENNAN	ÓÞEKKT
MÆÐI	VILLT
TUNGUMÁL	

4 - Measurements

```
S  E  N  T  I  M  E  T  R  N  V  O  D  B
X  T  P  C  F  Y  U  L  Q  C  C  H  G  R
M  S  Þ  H  K  O  Z  E  L  G  N  O  H  E
J  Þ  T  K  Í  L  Ó  M  E  T  R  A  Æ  I
P  S  Þ  X  L  C  J  G  N  O  O  Á  Ð  D
Q  L  Y  N  Ó  Ð  Ð  R  G  N  B  Q  Ð  D
M  Í  N  Ú  T  A  L  A  D  N  G  H  J  A
E  B  G  N  A  U  Í  M  M  C  W  I  Q  C
S  T  D  S  M  P  T  M  D  Æ  M  I  D  A
S  O  V  A  W  Z  R  P  Z  Ý  L  K  O  F
I  M  F  R  Z  B  I  N  D  I  P  I  C  B
H  M  A  U  K  A  S  T  A  F  R  T  R  Æ
J  U  Z  S  Ð  Y  K  M  L  U  X  J  U  T
Y  W  L  G  D  X  R  C  Ð  A  B  J  Y  I
```

BÆTI	LENGD
SENTIMETR	LÍTRI
AUKASTAF	MESSI
GRÁÐA	MÆLIR
DÝPT	MÍNÚTA
GRAMM	ÚNSA
HÆÐ	TONN
TOMMU	BINDI
KÍLÓ	ÞYNGD
KÍLÓMETRA	BREIDD

5 - Farm #2

```
S  X  G  X  H  L  Þ  X  K  Q  K  J  N  Ö
H  V  E  I  T  I  A  E  C  D  N  I  A  N
C  Þ  M  G  R  Æ  N  M  E  T  I  R  N  D
J  E  K  Á  R  P  G  B  A  T  Q  Y  Þ  D
O  O  D  V  E  N  G  I  Þ  D  L  C  T  D
Ð  H  Ý  Ö  I  I  Þ  N  A  W  Ý  Y  Þ  G
B  O  R  X  N  Z  H  A  H  K  P  R  S  K
C  Z  F  T  J  E  L  E  L  I  N  Q  Ð  K
D  M  S  U  Á  V  E  I  T  U  R  W  I  N
Y  J  Z  R  B  M  B  Z  V  F  B  Ð  N  B
B  Ó  N  D  I  A  G  X  M  D  Y  H  I  N
P  L  A  M  D  T  L  A  M  B  G  M  X  R
H  K  U  W  H  U  D  X  Ð  U  G  E  F  V
M  K  L  K  O  R  N  H  L  Ö  Ð  U  Þ  Þ
```

DÝR	LAMB
BYGG	LAMADÝR
HLÖÐU	ENGI
KORN	MJÓLK
ÖND	KIND
BÓNDI	HIRÐIR
MATUR	GRÆNMETI
ÁVÖXTUR	HVEITI
ÁVEITU	

6 - Books

```
Æ  B  Ó  K  M  E  N  N  T  A  H  S  S  H
V  V  T  M  P  G  E  P  I  C  Ö  Ö  Ö  Ö
S  I  I  B  R  R  Ö  Ð  T  T  R  G  G  F
S  A  Ð  N  W  O  X  W  T  V  M  U  U  U
K  B  M  E  T  M  D  F  L  Í  U  L  M  N
Á  C  U  H  I  Ý  V  Þ  E  E  L  E  A  D
L  J  Ó  Ð  E  G  R  F  S  Ð  E  G  Ð  U
D  U  X  H  Z  N  A  I  A  L  G  T  U  R
S  Í  Ð  A  B  O  G  N  N  I  A  Q  R  K
A  S  A  G  A  B  E  I  D  S  A  F  N  B
G  F  R  U  M  L  E  G  I  I  I  T  W  G
A  G  A  M  A  N  S  A  M  U  R  N  D  J
T  Ð  T  E  G  M  S  K  R  I  F  A  Ð  P
T  D  I  B  C  J  D  X  A  Y  L  Ð  Y  V
```

ÆVINTÝRI

HÖFUNDUR

SAFN

SAMHENGI

TVÍEÐLI

EPIC

SÖGULEGT

GAMANSAMUR

FRUMLEG

BÓKMENNTA

SÖGUMAÐUR

SKÁLDSAGA

SÍÐA

LJÓÐ

LESANDI

VIÐEIGANDI

RÖÐ

SAGA

HÖRMULEGA

SKRIFAÐ

7 - Meditation

```
Þ  A  K  K  L  Æ  T  I  S  S  G  N  V  N
F  K  M  P  G  B  V  H  A  J  O  S  E  K
A  S  L  Þ  N  H  N  U  M  Ó  S  E  N  Þ
S  A  M  Ú  Ð  U  Á  G  Þ  N  K  W  J  N
A  N  D  L  E  G  T  A  Y  A  Ý  K  A  A
M  L  K  L  F  S  T  L  K  R  R  N  J  L
T  Ð  T  N  D  A  Ú  E  K  H  L  O  G  N
Ö  T  D  K  K  N  R  C  I  O  E  O  X  S
K  N  Ó  Þ  P  I  A  M  L  R  I  U  M  L
N  D  D  N  Ö  R  N  G  E  N  K  U  M  V
C  K  V  U  L  G  C  I  V  I  I  Y  O  Ð
T  Q  N  I  N  I  N  G  Ó  Ð  V  I  L  D
F  R  I  Ð  U  R  S  V  A  K  A  N  D  I
T  Ð  V  J  X  N  A  T  A  Ð  L  Æ  R  A
```

SAMÞYKKI   HUGA
VAKANDI   SAMTÖK
ÖNDUN   TÓNLIST
LOGN   NÁTTÚRAN
SKÝRLEIKI   FRIÐUR
SAMÚÐ   SJÓNARHORNI
ÞAKKLÆTI   ÞÖGN
VENJA   HUGSANIR
GÓÐVILD   AÐ LÆRA
ANDLEGT

8 - Days and Months

```
P  P  A  N  J  A  N  Ú  A  R  J  Ú  L  Í
O  K  T  Ó  B  E  R  D  A  G  A  T  A  L
Z  M  U  V  F  Ö  S  T  U  D  A  G  U  R
V  R  Z  E  Á  Z  N  Ð  E  S  P  Ð  O  A
C  K  D  M  G  R  U  I  P  F  W  C  C  N
H  W  D  B  Ú  X  O  I  D  Ð  O  R  E  V
K  E  F  E  S  E  P  T  E  M  B  E  R  I
L  L  Þ  R  T  J  V  Ð  Y  H  U  F  C  K
Þ  R  I  Ð  J  U  D  A  G  U  R  E  C  A
O  S  U  N  N  U  D  A  G  U  R  B  R  P
U  F  I  M  M  T  U  D  A  G  U  R  M  R
M  Á  N  U  D  A  G  U  R  U  E  Ú  A  Í
L  A  U  G  A  R  D  A  G  U  R  A  R  L
M  Á  N  U  Ð  U  R  H  Þ  K  Q  R  S  Y
```

APRÍL	NÓVEMBER
ÁGÚST	OKTÓBER
DAGATAL	LAUGARDAGUR
FEBRÚAR	SEPTEMBER
FÖSTUDAGUR	SUNNUDAGUR
JANÚAR	FIMMTUDAGUR
JÚLÍ	ÞRIÐJUDAGUR
MARS	VIKA
MÁNUDAGUR	ÁR
MÁNUÐUR	

9 - Chess

```
L  A  Ð  G  E  R  Ð  A  L  A  U  S  S  P
S  E  H  H  B  S  M  E  I  S  T  A  R  I
N  W  I  V  Q  K  C  Þ  S  I  T  H  D  Ð
J  Þ  N  K  Í  Á  T  B  V  Z  Í  I  A  X
A  Y  C  Ð  M  T  Y  F  A  F  M  O  G  Þ
L  T  Q  S  K  A  U  R  R  Ó  I  U  G  B
L  T  K  I  O  J  Ð  R  T  R  H  C  J  D
S  T  E  F  N  U  W  U  Þ  N  V  B  U  X
M  C  P  J  U  A  V  M  R  E  G  L  U  R
Ó  K  P  I  N  D  R  O  T  T  N  I  N  G
T  X  N  C  G  A  Ð  L  Æ  R  A  J  K  Þ
W  T  I  Þ  U  Á  S  K  O  R  A  N  I  R
Z  Ð  W  B  R  Q  S  L  E  I  K  U  R  G
M  Ó  T  M  Æ  L  A  N  D  I  R  W  E  K
```

SVART	LEIKMAÐUR
ÁSKORANIR	STIG
MEISTARI	DROTTNING
SNJALL	REGLUR
KEPPNI	FÓRN
SKÁ	STEFNU
LEIKUR	TÍMI
KONUNGUR	AÐ LÆRA
MÓTMÆLANDI	MÓT
AÐGERÐALAUS	HVÍTUR

10 - Food #2

```
A N S K S S T C B S N X S D
O F K I Ú U Ó N A K A A V I
Q H J R K E M B N I I X E M
E V Ú S K Y A V A N O T P H
P J K U U S T S N K I P P E
V N L B L O M X I A W K I M
R Í I E A S H S E L L E R Í
S A N R Ð T V Ð G W J M Z Z
Q Z G B I U E G G A L D I N
K M U Þ E R I J Ó G Ú R T W
E Í R X A R T I H O K E D Q
X P V E F F I S K U R I K D
N F L Í H R Í S G R J Ó N J
Y P B I S P E R G I L K Á L
```

EPLI	EGGALDIN
ARTIHOKE	FISKUR
BANANI	VÍNBER
SPERGILKÁL	SKINKA
SELLERÍ	KÍVÍ
OSTUR	SVEPPIR
KIRSUBER	HRÍSGRJÓN
KJÚKLINGUR	TÓMAT
SÚKKULAÐI	HVEITI
EGG	JÓGÚRT

11 - Family

```
F  B  A  R  N  Æ  S  K  A  F  L  W  C  E
O  F  A  U  E  I  G  I  N  K  O  N  A  I
R  A  S  Y  S  T  I  R  A  F  I  R  T  N
F  Ð  F  K  E  V  T  V  Í  B  U  R  A  R
A  I  R  T  Y  K  L  F  L  A  R  D  V  O
Ð  R  Æ  Þ  A  J  W  D  M  R  O  H  Ð  E
I  I  N  G  A  R  Ð  M  Ó  N  A  M  M  A
R  L  K  Ð  D  L  D  X  O  T  X  Ó  Ó  M
F  B  A  R  N  A  B  A  R  N  T  Ð  Ð  V
C  R  I  E  D  X  V  Þ  F  Y  N  I  U  T
L  Ó  Æ  K  K  I  I  F  B  P  A  R  R  B
C  Ð  O  N  R  U  P  E  Ö  P  V  J  P  Ð
U  I  F  O  D  X  Ð  Q  R  L  L  B  F  U
Þ  R  K  N  E  I  G  I  N  M  A  Ð  U  R
```

FORFAÐIR	AMMA
FRÆNKA	EIGINMAÐUR
BRÓÐIR	MÓÐUR
BARN	MÓÐIR
BARNÆSKA	FRÆNDI
BÖRN	INGAR
DÓTTIR	SYSTIR
FAÐIR	TVÍBURAR
BARNABARN	EIGINKONA
AFI	

12 - Farm #1

```
V K Ö T T U R M S H M K Þ I
E Í R L S E D A H U N A N G
N L S Á Þ B Í A S N I H U I
G A F U K O A T Þ D F E Þ R
I N H W N A H E Y U R S N Ð
Á D G G Z D J O Z R Æ T O I
X B K Ý R P U V Z D K U Q N
V Ú U F Y A J R J X W R N G
L N C R Z L Q Z I K K X E T
Q A X N Ð L Ð G F Á L Þ A Þ
N Ð G C A U L K H L G E I T
T U Þ E U H R S E F V A T N
O R D Q X F C K K U Q V N L
I I F G H R Í S G R J Ó N A
```

LANDBÚNAÐUR	ÁBURÐUR
BÍ	ENGI
VÍSUNDUR	GEIT
KÁLFUR	HEY
KÖTTUR	HUNANG
KÝR	HESTUR
KRÁKA	HRÍSGRJÓN
HUNDUR	FRÆ
ASNI	VATN
GIRÐING	

13 - Camping

```
V  X  E  V  Ð  K  W  Þ  Y  K  E  S  Z  E
Q  R  S  S  V  L  O  W  M  X  J  T  E  L
Ð  X  P  F  Q  E  X  R  U  Q  T  Ö  R  D
K  G  V  V  Q  F  H  W  T  Y  Æ  Ð  E  U
V  A  A  F  J  A  L  L  J  C  V  U  I  R
W  M  N  Á  T  T  Ú  R  A  N  I  V  P  F
Z  A  Þ  Ó  Þ  F  R  U  L  O  N  A  I  K
H  N  H  A  T  T  U  R  D  C  T  T  M  R
D  F  Þ  Z  U  M  M  R  R  Ý  Ý  N  F  Q
E  Z  V  F  L  H  E  N  G  I  R  Ú  M  T
Á  T  T  A  V  I  T  A  V  E  I  Ð  A  R
Q  Z  U  L  C  G  S  K  Ó  G  U  R  M  É
S  K  O  R  D  Ý  R  T  U  N  G  L  G  R
I  Y  Ð  I  S  L  E  U  Q  D  B  J  Y  M
```

ÆVINTÝRI	VEIÐA
DÝR	SKORDÝR
KLEFA	STÖÐUVATN
KANÓ	KORT
ÁTTAVITA	TUNGL
ELDUR	FJALL
SKÓGUR	NÁTTÚRAN
GAMAN	REIPI
HENGIRÚM	TJALD
HATTUR	TRÉ

14 - Conservation

```
V  E  Ð  U  R  F  A  R  A  G  R  A  C  B
I  L  V  N  Á  T  T  Ú  R  U  L  E  G  T
S  Í  B  A  M  I  N  N  K  A  T  F  E  H
T  F  R  G  R  Æ  T  T  L  S  N  N  E
K  R  E  U  B  N  Ð  W  K  H  M  I  D  I
E  Æ  Y  M  Ú  M  E  N  N  T  U  N  U  L
R  N  T  H  S  E  N  I  Q  B  S  V  R  S
F  T  I  V  V  N  H  J  R  S  J  A  V  A
I  H  N  E  Æ  G  M  K  U  I  Á  T  I  Ð
I  Y  G  R  Ð  U  J  V  X  D  L  N  N  R
N  Þ  A  F  I  N  T  L  U  U  F  Ð  N  F
L  Y  R  I  S  F  U  S  N  K  B  R  A  F
I  J  A  S  Þ  Q  N  Z  F  Y  Æ  P  Y  Z
H  R  I  N  G  R  Á  S  S  U  R  X  C  W
```

BREYTINGAR	HEILSA
EFNI	NÁTTÚRULEGT
VEÐURFAR	LÍFRÆNT
HRINGRÁS	VARNEIRI
VISTKERFI	MENGUN
MENNTUN	ENDURVINNA
UMHVERFIS	MINNKA
GRÆNT	SJÁLFBÆR
BÚSVÆÐI	VATN

15 - Cats

```
M  Q  Þ  Ð  Ó  Q  C  K  K  U  J  Z  Ð  F
X  Ú  K  Þ  H  H  B  Y  L  C  F  O  U  F
L  P  S  Ð  D  M  Á  X  Ó  N  B  V  I  O
U  G  W  Á  S  T  Ú  Ð  L  E  G  U  R  R
K  L  Ó  M  H  K  C  Y  U  A  S  T  B  V
H  A  L  I  O  R  B  N  I  R  O  F  R  I
F  E  L  D  U  R  A  O  L  E  F  Y  J  T
Þ  T  U  X  M  E  Y  T  Q  P  A  N  Á  I
F  E  I  M  I  N  M  V  T  V  Z  D  L  N
P  E  R  S  Ó  N  U  L  E  I  K  I  A  N
D  S  A  D  S  W  T  V  Ð  L  T  Ð  Ð  G
U  G  N  Ð  F  X  V  D  D  L  C  B  U  A
K  U  U  G  Q  U  P  V  F  T  Ð  Þ  R  R
X  U  F  J  Ö  R  U  G  U  R  C  Þ  L  N
```

ÁSTÚÐLEGUR	KLÓM
KLÓ	PERSÓNULEIKI
BRJÁLAÐUR	FJÖRUGUR
FORVITINN	FEIMIN
HRATT	SOFA
FYNDIÐ	HALI
FELDUR	VILLT
ÓHÁÐUR	GARN
MÚS	

16 - Numbers

```
W  B  C  E  P  T  F  C  Ð  E  X  M  Z  Þ
Á  T  V  D  M  U  I  M  A  F  I  R  K  R
T  Í  U  K  E  T  M  I  L  U  A  N  Þ  Í
T  J  G  Ð  S  T  M  O  U  F  U  Í  N  R
A  B  X  S  A  U  T  J  Á  N  K  T  Í  F
Á  T  J  Á  N  G  Á  T  L  E  A  J  U  I
T  S  V  P  O  U  N  S  S  U  S  Á  D  M
Ó  Z  F  J  Ó  R  I  R  J  M  T  N  M  M
L  F  J  Ó  R  T  Á  N  Ö  Y  A  T  B  O
F  B  S  E  X  T  Á  N  S  V  F  N  C  Ð
Ð  Þ  R  E  T  T  Á  N  T  V  E  I  R  U
S  A  Z  M  X  Y  M  L  J  U  N  X  W  N
I  H  E  X  D  I  U  E  X  Z  R  P  Z  C
T  B  F  A  Ð  I  X  G  H  O  K  V  R  S
```

AUKASTAF	SJÖ
ÁTTA	SAUTJÁN
ÁTJÁN	SEX
FIMMTÁN	SEXTÁN
FIMM	TÍU
FJÓRIR	ÞRETTÁN
FJÓRTÁN	ÞRÍR
NÍU	TÓLF
NÍTJÁN	TUTTUGU
EINN	TVEIR

17 - Spices

```
H  V  Í  T  L  A  U  K  U  R  S  A  L  Þ
Ð  Þ  X  Y  M  V  S  E  A  E  A  N  A  T
O  S  I  R  Q  F  E  N  N  E  L  Í  U  P
H  Y  Æ  R  M  U  U  G  U  Z  T  S  K  M
P  T  E  T  H  A  Z  I  T  U  Y  P  U  X
K  I  F  V  U  E  I  F  S  X  F  E  R  G
B  Ú  A  K  A  R  D  E  M  O  M  M  U  P
I  L  M  Þ  L  H  T  R  K  A  N  I  L  A
T  W  A  E  M  Ú  S  K  A  T  O  R  S  P
U  B  R  K  N  K  Ó  R  Í  A  N  D  E  R
R  R  U  Þ  K  S  C  N  E  G  U  L  L  I
K  A  R  R  Ý  R  V  A  N  I  L  L  U  K
N  G  F  I  Z  E  Í  V  T  S  M  I  U  A
B  Ð  G  Þ  A  K  O  S  A  F  F  R  A  N
```

ANÍS	HVÍTLAUKUR
BITUR	ENGIFER
KARDEMOMMU	LAKKRÍS
KANIL	MÚSKAT
NEGULL	LAUKUR
KÓRÍANDER	PAPRIKA
KÚMEN	SAFFRAN
KARRÝ	SALT
FENNEL	SÆTUR
BRAGÐ	VANILLU

18 - Mammals

```
H  U  N  D  U  R  Ú  L  F  U  R  Þ  N  Q
H  V  A  L  U  R  K  G  Ó  R  I  L  L  A
Ö  R  P  M  V  P  Ö  Y  J  V  J  C  P  L
F  J  I  K  W  K  T  N  A  U  T  S  R  X
R  V  P  A  I  A  T  W  P  W  X  L  E  N
U  N  A  N  G  A  U  O  Z  Z  V  É  F  C
N  X  D  Í  K  Í  R  O  H  E  S  T  U  R
G  B  X  N  N  E  R  B  O  B  J  T  R  L
U  B  E  A  X  Þ  N  A  X  R  C  U  Y  Þ
R  D  D  A  N  O  M  G  F  A  H  Ú  L  J
T  K  G  X  V  L  Ð  Q  Ú  F  T  L  J  Ð
X  X  P  B  N  E  Ð  F  F  R  I  F  Ó  Ð
B  J  Ö  R  N  C  R  O  Í  B  A  U  N  N
C  J  Z  A  K  I  N  D  L  Y  G  R  X  E
```

BJÖRN	GÓRILLA
BEAVER	HESTUR
NAUT	KENGÚRA
KÖTTUR	LJÓN
SLÉTTUÚLFUR	API
HUNDUR	KANÍNA
HÖFRUNGUR	KIND
FÍL	HVALUR
REFUR	ÚLFUR
GÍRAFFI	ZEBRA

19 - Fishing

```
V  Þ  X  V  Q  B  J  X  B  R  Z  J  Z  O
Í  O  L  W  V  E  E  Z  Ú  Þ  T  H  D  I
R  L  G  Þ  V  I  Y  E  N  V  Q  B  I  E
K  I  W  F  Y  T  Ð  L  A  Þ  Y  N  G  D
J  N  G  J  H  A  F  D  Ð  R  T  D  V  Y
Á  M  Ý  A  K  C  D  A  U  G  G  A  R  X
L  Æ  K  R  I  V  E  R  R  H  A  I  Þ  C
K  Ð  J  A  E  T  Y  B  Á  T  U  R  A  H
A  I  U  K  R  Ó  K  U  R  T  Á  Ð  E  Y
O  H  R  C  A  F  I  I  S  F  Ð  L  M  L
Z  X  X  Q  Z  K  A  I  T  L  V  T  K  E
Þ  G  Ð  V  D  X  Þ  F  Í  T  R  A  B  N
U  U  U  Þ  O  S  T  Ö  Ð  U  V  A  T  N
V  A  T  N  O  M  N  K  W  L  B  I  L  A
```

BEITA	KJÁLKA
KARFA	STÖÐUVATN
FJARA	HAF
BÁTUR	ÞOLINMÆÐI
ELDA	RIVER
BÚNAÐUR	VOG
ÝKJUR	ÁRSTÍÐ
UGGAR	VATN
TÁLKN	ÞYNGD
KRÓKUR	VÍR

20 - Restaurant #1

```
A  L  R  X  F  A  Ð  B  O  R  Ð  A  E  G
N  L  V  R  C  V  S  K  Á  L  J  N  F  J
S  E  R  V  Í  E  T  T  A  K  J  Ö  T  A
M  H  R  L  W  A  N  Y  C  H  L  P  I  L
A  W  T  K  J  Ú  K  L  I  N  G  U  R  D
T  W  O  F  N  Æ  M  I  Þ  H  V  I  R  K
S  E  S  T  E  R  K  A  N  J  G  T  É  E
E  H  L  H  R  Á  E  F  N  I  F  V  T  R
Ð  P  N  D  P  O  D  D  Q  F  M  M  T  I
I  K  Ö  Í  H  L  R  I  M  B  R  A  U  Ð
L  A  H  N  F  Ú  G  S  Ó  S  A  T  R  Þ
L  F  M  C  T  T  S  K  Ð  Ð  X  U  P  Q
V  F  H  Q  S  U  T  U  B  U  R  R  X  O
P  I  W  Þ  R  X  N  R  N  C  Ð  Q  L  Q
```

OFNÆMI	HNÍF
SKÁL	KJÖT
BRAUÐ	MATSEÐILL
GJALDKERI	SERVÍETTA
KJÚKLINGUR	DISKUR
KAFFI	PÖNTUN
EFTIRRÉTTUR	SÓSA
MATUR	STERKAN
HRÁEFNI	AÐ BORÐA
ELDHÚS	

21 - Bees

```
R  M  Z  M  B  I  B  S  S  Á  V  F  B  H
C  M  E  V  V  L  L  Ó  K  V  I  K  Ý  U
F  R  Æ  V  U  N  Ó  L  O  Ö  F  Z  F  N
R  M  A  T  U  R  M  M  R  X  J  P  L  A
J  G  X  S  V  U  S  T  D  T  Ö  L  U  N
Ó  P  A  P  A  Ð  T  N  Ý  U  L  Ö  G  G
K  M  I  G  X  Þ  R  M  R  R  B  N  N  K
O  R  Ð  U  N  G  A  R  Ð  U  R  T  A  W
R  L  L  E  T  L  S  O  Y  N  E  U  B  B
N  V  I  S  T  K  E  R  F  I  Y  R  Ú  G
T  R  E  Y  K  U  R  G  M  C  T  Q  A  J
M  E  Y  K  V  D  R  O  T  T  N  I  N  G
B  Ú  S  V  Æ  Ð  I  N  K  D  I  Z  Þ  E
Ð  V  W  Q  M  Ð  D  X  S  F  O  E  F  I
```

GAGNLEG	HUNANG
BLÓMSTRA	SKORDÝR
FJÖLBREYTNI	PLÖNTUR
VISTKERFI	FRJÓKORN
BLÓM	FRÆVUN
MATUR	DROTTNING
ÁVÖXTUR	REYKUR
GARÐUR	SÓL
BÚSVÆÐI	KVIK
BÝFLUGNABÚ	VAX

22 - Sports

```
Í  Þ  R  Ó  T  T  A  M  A  Ð  U  R  P  A
G  O  L  F  Ð  R  G  C  M  Ð  L  B  Y  Ð
S  R  L  E  I  K  U  R  Þ  Þ  E  I  H  S
H  A  H  I  I  X  E  L  O  L  I  O  A  Y
J  S  M  L  Z  K  C  I  A  K  K  D  F  N
D  M  I  T  E  I  F  Ð  L  Q  M  G  N  D
L  O  S  V  Ö  L  L  I  N  N  A  T  A  A
J  S  S  H  O  K  K  Í  M  M  Ð  E  B  Ú
D  O  P  Z  E  D  P  H  T  I  U  N  O  R
R  E  I  Ð  H  J  Ó  L  N  Þ  R  N  L  S
L  S  B  Y  Y  V  I  M  N  A  N  I  T  L
Þ  P  Í  Þ  R  Ó  T  T  A  H  Ú  S  I  I
Þ  J  Á  L  F  A  R  I  M  R  V  C  L  T
S  K  Ö  R  F  U  B  O  L  T  I  A  G  A
```

ÍÞRÓTTAMAÐUR	LEIKFIMI
HAFNABOLTI	HOKKÍ
KÖRFUBOLTI	SAMTÖK
REIÐHJÓL	LEIKMAÐUR
ÚRSLITA	DÓMARI
ÞJÁLFARI	VÖLLINN
LEIKUR	LIÐ
GOLF	TENNIS
ÍÞRÓTTAHÚS	AÐ SYNDA

23 - Weather

```
Þ F S K Ý R V I N D U R D F
O X T M O V E Ð U R F A R E
Q E J C M K M G Þ K I R C L
E R Ó Þ I X H O N Í S N R L
L Þ R U L B I L N B V P N I
D R N F K D T A Z S O D N B
I U M H Þ X A D L E Ú G U Y
N M Á D I B S Þ Ó K A N I L
G U L C Z M T O R N A D O U
N R B L W T I Þ U R R T P R
B G S W G Y G N Y X Ð I O E
S T O R M U R K N B F Þ L W
Þ U R R K A R N A W A J A H
T R O P I C A L G H D H R M
```

STJÓRNMÁL
GOLA
VEÐURFAR
SKÝ
ÞURRKAR
ÞURRT
ÞÓKA
FELLIBYLUR
ÍS
ELDING

MONSÚN
POLAR
REGNBOGI
HIMINN
STORMUR
HITASTIG
ÞRUMUR
TORNADO
TROPICAL
VINDUR

24 - Adventure

Á	S	N	F	E	G	U	R	Ð	W	S	U	S	Ö
F	I	Ý	E	D	Á	S	K	O	R	A	N	I	R
A	G	T	R	G	K	P	K	Z	O	N	D	L	Y
N	L	T	Ð	E	L	D	M	Ó	Ð	H	I	Í	G
G	I	J	A	U	D	D	E	G	P	V	R	K	G
A	N	P	Á	B	Z	X	Z	M	P	Þ	B	U	I
S	G	H	Æ	T	T	U	L	E	G	T	Ú	R	N
T	A	G	T	Æ	K	I	F	Æ	R	I	N	Z	Á
A	R	Z	L	F	L	B	Q	Ð	Y	T	I	Q	T
Ð	Q	C	U	E	V	I	N	I	R	F	N	B	T
U	N	R	N	S	Ð	B	V	M	A	Þ	G	N	Ú
R	C	H	B	D	V	I	R	K	N	I	U	N	R
L	S	K	O	Ð	U	N	A	R	F	E	R	Ð	A
H	U	G	R	E	K	K	I	V	A	N	D	I	N

VIRKNI
FEGURÐ
HUGREKKI
ÁSKORANIR
LÍKUR
HÆTTULEGT
ÁFANGASTAÐUR
VANDI
ELDMÓÐ
SKOÐUNARFERÐ

VINIR
FERÐAÁÆTLUN
GLEÐI
NÁTTÚRAN
SIGLINGAR
NÝTT
TÆKIFÆRI
UNDIRBÚNINGUR
ÖRYGGI

25 - Circus

```
Á  S  Þ  A  Y  T  W  W  Q  F  Q  X  T  P
T  H  T  R  Ú  Ð  U  R  S  W  D  P  J  E
I  Ð  O  B  S  T  Ó  N  L  I  S  T  A  J
G  H  F  R  T  K  F  A  J  H  K  S  L  Ú
E  F  I  U  F  Ð  R  E  Ó  G  E  B  D  G
R  X  D  L  J  A  T  Y  N  A  M  M  I  L
G  E  M  V  K  P  N  G  A  L  M  A  K  E
X  G  Ð  K  I  I  X  D  L  D  T  T  Q  R
B  Ú  N  I  N  G  U  R  I  U  A  Q  G  D
T  Ö  F  R  A  M  A  Ð  U  R  S  Ð  U  A
S  K  R  Ú  Ð  G  A  N  G  A  F  Ý  G  Y
A  C  R  O  B  A  T  N  T  Y  D  Í  N  Ð
B  L  Ö  Ð  R  U  R  O  I  G  Ý  C  L  A
B  R  A  G  Ð  X  A  X  K  G  R  Þ  K  T
```

ACROBAT	GALDUR
DÝR	TÖFRAMAÐUR
BLÖÐRUR	API
NAMMI	TÓNLIST
TRÚÐUR	SKRÚÐGANGA
BÚNINGUR	SÝNA
FÍL	ÁHORFANDI
SKEMMTA	TJALD
JÚGLER	TIGER
LJÓN	BRAGÐ

26 - Tools

```
B R E F U M O K A X U P B K
R E I P I Ð T H A M A R E Y
H Ö F Ð I N G J A B P C H B
K Ö X I G H R S M X E J E D
C Y I Y F E A K A Þ Þ L F H
B J N G E F K R L X W Í T N
U X H D C T V Ú L Y M M A Í
H J Ó L I A É F E Ð W H R F
R R N Z C L L A T D G Ð I L
M E C K S Q L T A N G I R V
Þ Z Q K T K X S J B D J P Þ
A Z T N I Y Æ Ð I B Z D F X
Ð J W V G Z S R R S W M K Y
S K K Q I X A Þ I B T P Ð Ð
```

ÖXI	REIPI
KABEL	HÖFÐINGJA
LÍM	SKÆRI
HAMAR	SKRÚFA
HNÍF	MOKA
STIGI	HEFTA
MALLET	HEFTARI
TANGIR	KYNDILL
RAKVÉL	HJÓL

27 - Restaurant #2

```
Þ  K  T  P  K  Y  R  S  Ú  P  A  S  H  L
N  J  V  I  D  R  Y  K  K  U  R  A  Á  J
I  O  Ó  D  X  Þ  A  E  R  X  F  L  D  Ú
G  R  Æ  N  M  E  T  I  Y  R  I  T  E  F
Z  T  X  R  N  L  A  Ð  D  Q  S  K  G  F
S  A  L  A  T  J  R  L  D  L  K  E  I  E
K  V  Ö  L  D  M  A  T  U  R  U  V  S  N
F  A  Á  V  Ö  X  T  U  R  U  R  L  V  G
E  Þ  K  H  B  N  Q  B  N  M  H  H  E  U
N  G  L  A  Þ  Z  T  U  U  Z  P  R  R  R
M  U  G  A  F  F  A  L  C  O  Z  E  Ð  V
F  L  P  V  N  O  A  V  N  Ú  Ð  L  U  R
C  I  Q  I  H  P  Þ  R  C  B  U  S  R  K
E  Q  Í  S  T  Ó  L  V  A  T  N  P  I  W
```

DRYKKUR
KAKA
STÓL
LJÚFFENGUR
KVÖLDMATUR
EGG
FISKUR
GAFFAL
ÁVÖXTUR
ÍS

HÁDEGISVERÐUR
NÚÐLUR
SALAT
SALT
SÚPA
KRYDD
SKEIÐ
GRÆNMETI
ÞJÓNN
VATN

28 - Geology

```
S  T  E  I  N  N  H  P  H  S  N  H  E  Z
N  T  R  O  F  T  Ð  E  Á  T  S  R  P  G
K  V  A  R  S  Ý  R  A  L  A  H  A  S  R
A  R  F  L  S  L  A  G  E  L  R  U  J  E
L  G  I  L  A  X  W  V  N  A  I  N  E  P
S  N  I  S  L  C  M  U  D  G  N  C  L  E
Í  Z  L  Ð  T  C  T  X  I  M  G  Q  D  Á
U  Y  W  Z  Þ  A  W  I  N  I  R  T  F  L
M  Ð  K  J  J  I  L  S  T  T  Á  Q  J  F
G  O  S  H  V  E  R  L  K  E  S  Þ  A  U
O  S  J  Q  N  T  G  K  A  S  Z  M  L  N
Ð  X  A  Z  H  P  F  K  Ó  R  A  L  L  N
N  I  A  M  X  S  T  E  I  N  E  F  N  I
J  A  R  Ð  S  K  J  Á  L  F  T  I  G  F
```

SÝRA	HRAUN
KALSÍUM	LAG
HELLI	STEINEFNI
ÁLFUNNI	HÁLENDI
KÓRALL	KVARS
KRISTALLAR	SALT
HRINGRÁS	STALACTITE
JARÐSKJÁLFTI	STALAGMITES
ROF	STEINN
GOSHVER	ELDFJALL

29 - House

```
K A G T U B M E V H R U S S
W X L F Y Ó L L E E T H K T
L V U Z C K Y D G R G G F U
Q G G K B A K H R B Þ G C R
C B G V A S L Ú O E C Þ Z T
A R I N N A A S M R M N A U
D B S C G F S P E G I L L K
S Í B H A N F S I I Þ A S Z
G L U G G A T J Ö L D M E G
A S H Ú S G Ö G N U A P I Ð
R K H U R Ð A G B R W I Q Y
Ð Ú H I M G N N K Ú S T U R
U R U Æ G I R Ð I N G X H I
R P K H Ð O Þ S H J O N Ð V
```

KÚSTUR	ELDHÚS
GLUGGATJÖLD	LAMPI
HURÐ	BÓKASAFN
GIRÐING	SPEGILL
ARINN	ÞAK
HÆÐ	HERBERGI
HÚSGÖGN	STURTU
BÍLSKÚR	VEGG
GARÐUR	GLUGGI
LYKLA	

30 - School #1

```
V V X A X R Y T S Ð S B S V
T P A P P Í R Ö K R T Ó K I
N C N O I M A L R G A K Ó N
A Ð L Æ R A O U I A F A L I
P I H T M Y G R F M R S A R
M E K B Ð D P X B A Ó A S W
Ö W N E U B N Q O N F F T Q
P B S N N B Ð S R E I N O U
P R T J A N Z V Ð V Ð U F B
U G Ó D Y M A Ö T B D Ð A Æ
R O L F A M E R K J U M F K
D A G G U C H J I N L R Z U
H Á D E G I S V E R Ð U R R
C K Y G L B L Ý A N T U R Þ
```

STAFRÓFIÐ

SVÖR

BÆKUR

STÓL

SKÓLASTOFA

SKRIFBORÐ

PRÓF

MÖPPUR

VINIR

GAMAN

BÓKASAFN

HÁDEGISVERÐUR

MERKJUM

TÖLUR

PAPPÍR

BLÝANTUR

PENNA

KENNARI

AÐ LÆRA

31 - Dance

```
F  G  L  A  Ð  U  R  F  F  E  C  B  S  E
M  É  M  E  N  N  I  N  G  A  J  S  V  Þ
P  E  L  Í  K  A  M  I  O  C  T  Ð  I  W
N  W  N  A  L  Æ  T  A  K  T  U  R  P  D
O  E  Á  N  G  F  C  Z  R  T  G  H  M  H
B  Q  Ð  R  I  I  V  I  U  I  K  H  I  E
Ð  O  O  Q  T  N  M  T  S  L  L  L  K  F
P  Y  B  E  J  G  G  Y  I  F  A  V  I  Ð
T  Ó  N  L  I  S  T  A  L  I  S  T  L  B
H  W  D  T  T  A  A  B  R  N  S  E  L  U
B  O  J  Q  G  M  E  H  Þ  N  Í  U  N  N
D  W  P  S  K  T  J  Þ  N  I  S  Ð  E  D
O  T  H  P  E  Ö  T  T  T  N  K  X  I  I
I  U  D  T  A  K  W  V  S  G  A  K  W  N
```

LIST	GLAÐUR
LÍKAMI	HOPPA
KLASSÍSKA	SAMTÖK
MENNINGAR	TÓNLIST
MENNING	FÉLAGI
TILFINNING	ÆFING
SVIPMIKILL	TAKTUR
NÁÐ	HEFÐBUNDIN

32 - Colors

```
I  Ð  H  H  Z  N  V  T  U  V  O  O  G  A
Ð  E  B  S  V  A  R  T  G  T  W  U  U  P
D  P  L  L  M  Í  G  R  Æ  N  T  L  L  P
T  H  Á  P  E  C  T  A  F  T  U  R  U  E
E  R  G  H  A  I  I  U  B  L  Á  R  R  L
P  D  R  X  V  N  K  Ð  R  G  R  Á  R  S
C  N  Æ  Q  U  D  F  U  C  H  S  I  A  Í
B  I  N  Þ  Z  I  J  R  R  G  S  H  H  N
R  E  N  A  Þ  G  Ó  S  E  P  I  A  G  A
Ú  L  I  S  R  O  L  M  A  G  E  N  T  A
N  G  C  G  Y  U  A  C  C  P  K  X  Q  B
T  E  W  R  E  F  J  Ó  L  U  B  L  Á  R
M  D  A  P  V  V  V  M  W  H  W  P  Z  A
G  Y  G  C  O  Z  K  G  J  H  Z  A  T  L
```

AFTUR	MAGENTA
BEIGE	APPELSÍNA
SVART	BLEIKUR
BLÁR	FJÓLUBLÁR
BRÚNT	RAUÐUR
BLÁGRÆNN	SEPIA
FUCHSIA	FJÓLA
GRÆNT	HVÍTUR
GRÁR	GULUR
INDIGO	

33 - Climbing

```
L  Q  S  Á  S  K  O  R  A  N  I  R  M  S
E  F  T  O  Þ  B  S  H  E  L  L  I  E  T
I  T  J  M  O  Y  T  G  Æ  G  D  F  I  Í
Ð  B  Ó  T  A  M  Ö  H  F  Ð  D  D  Ð  G
S  É  R  F  R  Æ  Ð  I  N  G  U  R  S  V
Ö  H  N  H  S  Þ  U  Ð  F  E  Z  F  L  É
G  J  M  A  T  J  G  H  T  M  Z  G  U  L
U  Á  Á  N  Y  Á  L  H  S  C  J  O  M  O
M  L  L  S  R  L  E  Þ  R  Ö  N  G  T  T
E  M  K  K  F  I  N  Ð  T  J  Y  V  H
N  U  O  A  U  U  K  Z  Þ  U  V  O  L  L
N  R  R  P  R  N  I  J  B  U  V  D  Þ  K
B  N  T  G  Ö  N  G  U  F  E  R  Ð  I  R
H  L  A  N  D  S  L  A  G  I  Y  Z  N  W
```

HÆÐ
STJÓRNMÁL
STÍGVÉL
HELLI
ÁSKORANIR
SÉRFRÆÐINGUR
HANSKA
LEIÐSÖGUMENN
HJÁLMUR

GÖNGUFERÐIR
MEIÐSLUM
KORT
ÞRÖNGT
STÖÐUGLEIKI
STYRKUR
LANDSLAGI
ÞJÁLFUN

34 - Shapes

```
I  B  J  M  Þ  J  S  P  O  R  B  A  U  G
M  S  T  Y  M  W  S  T  P  N  L  V  D  N
A  R  C  U  R  H  P  Ý  R  A  M  Í  D  A
R  F  H  R  I  N  G  M  I  O  C  S  J  P
G  Þ  E  B  H  I  N  O  S  K  K  Ú  L  A
H  T  B  R  H  O  R  N  M  K  T  K  P  F
Y  N  E  Ú  I  K  E  I  L  A  K  N  A  E
R  Y  G  N  H  L  I  Ð  Í  D  C  B  B  R
N  Y  L  I  I  O  L  B  N  H  O  M  X  N
I  H  Y  R  W  N  T  Ð  A  Z  F  V  X  I
N  H  I  O  Ð  T  G  E  Z  O  X  A  V  N
G  I  L  W  L  R  P  U  U  N  Q  U  F  G
E  H  Ð  E  H  Y  P  E  R  B  O  L  A  U
S  P  O  R  Ö  S  K  J  U  L  A  G  A  R
```

ARC	HYPERBOLA
HRING	LÍNA
KEILA	SPORÖSKJULAGA
HORN	MARGHYRNING
TENINGUR	PRISM
FERILL	PÝRAMÍDA
STROKKA	HLIÐ
BRÚNIR	KÚLA
SPORBAUG	FERNINGUR

35 - Scientific Disciplines

```
S  Z  J  L  M  L  Í  F  F  R  Æ  Ð  I  E
T  T  A  Í  Ó  Á  J  X  V  C  J  H  Þ  F
E  A  R  F  N  H  L  E  C  L  F  S  Q  N
I  U  Ð  E  Æ  R  Í  V  V  J  T  T  X  A
N  G  F  Ð  M  E  F  E  Í  E  V  J  B  F
D  A  R  L  I  Y  F  Ð  V  S  V  Ö  A  R
A  F  Æ  I  S  F  Æ  U  É  S  I  R  O  Æ
F  R  Ð  S  F  I  R  R  L  Á  S  N  Þ  Ð
R  Æ  I  F  R  F  A  F  F  L  T  U  D  I
Æ  Ð  A  R  Æ  R  F  R  R  F  F  G  I
Ð  I  A  Æ  Ð  Æ  R  Æ  R  R  R  E  N
I  F  S  Ð  I  Ð  Æ  Ð  Ð  Æ  Æ  Æ  S  Z
B  Ð  C  I  T  I  Ð  I  I  Ð  Ð  Ð  U  Y
T  T  N  F  Q  Y  I  F  Ð  I  I  I  S  U
```

LÍFFÆRAFRÆÐI   MÁLVÍSINDI
STJÖRNUFRÆÐI   VÉLFRÆÐI
LÍFFRÆÐI   VEÐURFRÆÐI
EFNAFRÆÐI   STEINDAFRÆÐI
VISTFRÆÐI   TAUGAFRÆÐI
JARÐFRÆÐI   LÍFEÐLISFRÆÐI
ÓNÆMISFRÆÐI   SÁLFRÆÐI
HREYFIFRÆÐI

36 - School #2

```
T  Ö  L  V  U  A  H  E  L  G  A  R  S  X
H  S  T  R  O  K  L  E  Ð  U  R  O  T  L
E  E  A  T  Q  A  I  Ð  B  B  V  R  A  N
S  Y  N  Q  U  D  K  Q  A  S  Í  Ð  R  L
R  K  L  Q  W  E  B  Ó  K  A  S  A  F  N
D  W  Æ  G  J  M  B  N  P  T  I  B  S  K
P  A  D  R  J  Í  P  Æ  O  W  N  Ó  E  E
A  Y  G  Q  I  S  C  Þ  K  R  D  K  M  N
P  O  Z  A  W  K  T  N  I  U  I  V  I  N
P  T  U  Y  T  T  Ð  Z  D  Z  R  I  Q  A
Í  Þ  B  L  Ý  A  N  T  U  R  Ú  S  B  R
R  X  U  A  L  G  L  H  B  R  T  T  I  I
M  E  N  N  T  U  N  P  U  V  U  I  I  T
Z  J  M  Á  L  F  R  Æ  Ð  I  V  R  Q  I
```

AKADEMÍSKT
STARFSEMI
BAKPOKI
BÆKUR
RÚTU
DAGATAL
TÖLVU
ORÐABÓK
MENNTUN
STROKLEÐUR

MÁLFRÆÐI
BÓKASAFN
PAPPÍR
BLÝANTUR
VÍSINDI
SKÆRI
VISTIR
KENNARI
HELGAR

37 - Science

```
E  S  G  E  K  F  N  P  G  Ö  G  N  K  T
U  Ð  T  C  Ð  D  U  Á  U  L  O  U  R  I
H  R  Þ  A  P  L  Ö  N  T  U  R  N  I  L
A  Y  W  T  Ð  O  I  F  A  T  Ð  S  V  G
F  L  G  Ó  B  R  G  S  G  V  Ú  L  G  Á
D  Q  G  M  Y  B  E  E  F  N  I  R  Þ  T
A  T  H  U  G  U  N  Y  A  R  C  V  A  A
U  L  Í  F  V  E  R  U  N  E  Æ  E  V  N
S  A  M  E  I  N  D  I  R  D  K  Ð  Q  H
Þ  R  Ó  U  N  Ð  T  V  Z  N  C  U  I  I
O  M  O  T  I  L  R  A  U  N  X  R  B  R
R  Þ  Ð  Þ  Y  N  G  D  A  R  A  F  L  R
S  T  E  I  N  E  F  N  I  R  Q  A  L  A
A  Ð  F  E  R  Ð  A  G  N  I  R  R  J  L
```

ATÓM	AÐFERÐ
EFNI	STEINEFNI
VEÐURFAR	SAMEINDIR
GÖGN	NÁTTÚRAN
ÞRÓUN	ATHUGUN
TILRAUN	LÍFVERU
STAÐREYND	AGNIR
ÞYNGDARAFL	EÐLISFRÆÐI
TILGÁTA	PLÖNTUR

38 - To Fill

```
R  X  C  O  U  Ð  Z  Y  D  H  E  W  T  F
F  N  X  B  I  D  Z  C  T  C  Y  B  A  E
F  L  Ö  S  K  U  H  O  E  U  G  W  S  R
Ð  W  O  O  U  H  V  U  U  Þ  N  P  K  Ð
K  A  S  S  I  P  O  T  T  U  R  N  A  A
A  R  I  M  L  A  K  A  S  S  I  U  U  T
R  B  U  N  S  K  G  J  K  P  M  Þ  M  Ö
F  L  U  K  H  K  Þ  H  Ú  R  A  O  S  S
A  E  L  S  K  I  P  I  F  S  P  Z  L  K
V  A  S  I  Ð  U  P  V  F  E  P  S  A  U
U  G  E  F  Ö  T  U  J  A  N  A  J  G  N
B  A  K  K  I  E  Þ  R  M  K  Þ  R  T  N
K  Y  I  E  X  J  M  P  Ö  X  V  A  S  A
R  S  G  K  B  H  Q  Þ  O  R  Z  W  F  M
```

TASKA   KRUKKU
TUNNU   PAKKI
KARFA   VASA
FLÖSKU   FERÐATÖSKU
KASSI   BAKKI
FÖTU   POTTUR
RIMLAKASSI   RÖR
SKÚFFA   VASI
UMSLAG   SKIP
MAPPA

39 - Summer

```
Y  I  K  E  L  E  L  J  E  P  F  R  Í  J
C  Y  Ö  B  I  A  E  H  M  J  T  U  E  K
F  L  F  Æ  F  I  I  H  M  Q  Í  B  S  T
X  F  U  K  Q  W  K  S  J  Ó  M  S  L  Z
R  L  N  U  M  A  I  T  K  E  I  Þ  Ö  C
F  J  A  R  A  Ð  R  J  C  Ó  S  G  K  Ð
R  F  W  T  T  S  D  Ö  U  V  T  D  U  O
M  Þ  E  F  U  Y  Ð  R  C  Q  Ó  Z  N  Q
N  G  V  R  R  N  D  N  G  D  N  Ú  K  C
G  A  W  I  Ð  D  U  U  L  G  L  T  A  E
X  R  Q  Q  N  A  S  R  E  J  I  J  K  J
G  Ð  R  T  W  I  S  A  Ð  B  S  Æ  B  V
A  U  H  E  I  M  R  T  I  T  T  Ð  Ð  T
K  R  F  J  Ö  L  S  K  Y  L  D  A  N  L
```

FJARA	GLEÐI
BÆKUR	TÍMIST
ÚTJÆÐA	TÓNLIST
KÖFUN	SLÖKUN
FJÖLSKYLDA	SKÓ
MATUR	SJÓ
VINIR	STJÖRNUR
LEIKIR	AÐ SYNDA
GARÐUR	FERÐAST
HEIM	FRÍ

40 - Clothes

```
S  Z  Z  W  G  C  Y  D  D  W  O  W  H  I
A  R  M  B  A  N  D  P  K  T  D  K  J  G
B  L  Ú  S  S  A  B  I  J  O  A  I  A  J
B  U  R  P  K  S  R  L  H  A  N  S  K  A
Ð  Þ  X  Ð  Ó  K  T  S  W  I  R  Þ  K  C
N  B  J  U  R  Y  R  D  B  E  L  T  I  Ó
Á  R  G  T  R  R  E  C  Z  G  M  X  R  O
T  Í  S  K  A  T  F  H  Q  V  I  W  F  P
T  W  P  B  J  A  I  O  C  M  T  T  L  Z
F  E  Z  H  A  Ó  L  H  A  T  T  U  R  P
Ö  Q  R  F  G  A  L  L  A  B  U  X  U  R
T  P  U  D  R  P  M  L  P  E  Y  S  A  Ð
S  K  A  R  T  G  R  I  P  I  R  U  A  X
O  Ð  S  V  U  N  T  U  C  K  Á  P  U  R
```

SVUNTU	GALLABUXUR
BELTI	SKARTGRIPIR
BLÚSSA	NÁTTFÖT
ARMBAND	BUXUR
KÁPU	SKÓ
KJÓLL	TREFIL
TÍSKA	SKYRTA
HANSKA	SKÓR
HATTUR	PILS
JAKKI	PEYSA

41 - Insects

```
S  L  K  H  C  T  F  R  Í  P  U  R  C  B
D  M  L  D  O  E  I  L  I  R  V  A  I  J
E  A  Y  Z  R  R  Ð  V  U  R  U  E  C  A
H  N  Þ  X  M  M  R  V  M  G  G  X  A  L
O  T  G  M  U  I  I  F  Ö  A  A  X  D  L
R  I  W  I  R  T  L  L  L  D  U  G  A  A
N  S  P  V  S  E  D  Ó  A  G  V  R  I  S
E  K  Þ  F  P  P  I  Þ  K  X  X  A  P  W
T  J  J  Þ  Z  F  R  M  U  M  D  S  V  V
U  L  B  H  G  R  D  E  H  Y  C  K  S  H
K  C  A  D  P  L  Ö  N  T  U  L  Ú  S  W
D  R  A  G  O  N  F  L  Y  T  Y  L  B  Y
K  A  K  K  A  L  A  K  K  I  U  A  Í  Z
G  E  I  T  U  N  G  U  R  T  X  R  C  K
```

MAUR	HORNET
PLÖNTULÚS	FRÍPUR
BÍ	LIRVA
BJALLA	ENGISPRETTUR
FIÐRILDI	MANTIS
CICADA	FLUGA
KAKKALAKKI	MÖL
DRAGONFLY	TERMITE
FLÓ	GEITUNGUR
GRASKÚLA	ORMUR

42 - Astronomy

```
S  Ó  L  K  W  R  R  G  H  V  M  B  D  R
J  M  U  Y  Þ  O  K  K  A  G  Y  K  Ý  E
Ó  K  Á  Z  I  Ð  S  C  O  L  E  S  R  I
N  A  G  S  L  G  E  I  M  F  A  R  I  K
A  V  W  L  T  U  N  G  L  V  O  X  R  I
U  G  E  R  V  I  T  U  N  G  L  E  Y  S
K  Z  H  Z  J  Ö  R  Ð  H  E  C  Q  H  T
I  M  Y  R  K  V  I  N  X  I  O  U  I  J
E  L  D  F  L  A  U  G  I  S  S  I  M  A
L  L  T  S  U  D  V  C  C  L  M  N  I  R
P  Z  U  U  S  Y  H  C  Q  U  O  O  N  N
U  L  O  F  T  S  T  E  I  N  S  X  N  A
J  U  O  B  S  E  R  V  A  T  O  R  Y  U
S  T  J  Ö  R  N  U  M  E  R  K  I  G  Y
```

SMÁSTIRNI	ÞOKKA
GEIMFARI	OBSERVATORY
STJÖRNUMERKI	REIKISTJARNA
COSMOS	GEISLUN
JÖRÐ	ELDFLAUG
MYRKVI	GERVITUNGL
EQUINOX	HIMINN
GALAXY	SÓL
LOFTSTEIN	SJÓNAUKI
TUNGL	DÝRIR

43 - Pirates

```
Ö  P  Ð  C  L  B  Y  Ð  S  S  S  Q  C  H
V  R  Z  D  S  L  Æ  M  T  V  S  D  Ð  E
Y  R  Q  G  A  C  I  Z  I  Y  E  C  Q  L
N  I  N  U  K  Z  E  D  L  Z  Þ  R  X  L
G  U  L  L  K  P  A  N  F  Q  Y  C  Ð  I
Þ  A  N  G  E  Á  Æ  V  I  N  T  Ý  R  I
G  Z  B  R  R  F  Á  N  A  H  B  I  X  J
C  D  N  Þ  I  A  M  E  D  R  Æ  Þ  J  E
V  F  F  Z  Z  G  D  L  K  O  R  T  B  Y
Þ  J  Ó  Ð  S  A  G  A  B  M  Y  N  T  J
B  A  C  W  S  U  K  A  Ð  M  P  E  Y  A
I  R  H  L  T  K  Ð  U  Á  H  Ö  F  N  A
K  A  Ð  F  Y  U  Á  T  T  A  V  I  T  A
O  A  D  X  U  R  K  A  P  T  E  I  N  P
```

ÆVINTÝRI	FÁNA
AKKERI	GULL
SLÆMT	EYJA
FJARA	ÞJÓÐSAGA
KAPTEIN	KORT
HELLI	PÁFAGAUKUR
MYNT	ROMM
ÁTTAVITA	ÖR
ÁHÖFN	SVERÐ
HÆTTA	

44 - Time

```
Á  R  F  W  M  V  K  I  Ð  S  N  F  R  A
R  I  R  F  Á  T  W  L  Á  Ð  U  R  H  D
L  V  A  J  N  Ó  T  T  U  J  T  J  W  K
E  I  M  G  U  Ú  F  R  M  K  U  S  Ð  L
G  K  T  R  Ð  G  N  L  Y  I  K  Ð  M  U
A  A  Í  H  U  L  V  A  Z  L  B  A  Í  K
S  E  Ð  Á  R  A  T  U  G  U  R  S  N  K
T  Þ  E  D  X  V  P  C  Y  D  Á  N  Ú  U
D  M  P  E  A  T  X  M  X  A  Ð  E  T  S
B  A  A  G  W  Í  D  A  G  G  U  M  A  T
F  U  G  I  V  Q  G  G  B  A  M  M  S  U
Y  W  D  U  Ö  L  D  M  S  T  Þ  A  Þ  N
X  I  M  O  R  G  U  N  N  A  T  T  X  D
I  P  B  Q  C  M  J  E  Þ  L  P  H  Þ  Þ
```

ÁRLEGA	MÍNÚTA
ÁÐUR	MÁNUÐUR
DAGATAL	MORGUNN
ÖLD	NÓTT
KLUKKA	HÁDEGI
DAGUR	NÚNA
ÁRATUGUR	BRÁÐUM
SNEMMA	Í DAG
FRAMTÍÐ	VIKA
KLUKKUSTUND	ÁR

45 - Buildings

```
V  K  V  I  K  M  Y  N  D  A  H  Ú  S  H
T  J  U  T  C  A  Q  H  S  F  B  F  J  Á
E  E  N  T  B  K  S  Ó  H  N  O  L  Ú  S
Q  V  P  L  W  B  L  T  J  A  L  D  K  K
W  V  Ö  Í  B  Ú  Ð  E  A  T  Y  T  R  Ó
S  E  D  L  Í  L  V  L  F  L  F  P  A  L
A  R  E  E  L  N  Y  J  S  A  I  Ð  H  I
F  K  Q  I  S  I  Z  Y  E  F  R  F  Ú  H
N  S  V  K  K  S  N  N  N  J  Ð  K  S  Y
V  M  S  H  Ú  A  P  N  D  Ð  C  B  Æ  R
J  I  F  Ú  R  E  A  T  I  H  L  Ö  Ð  U
J  Ð  U  S  K  Ó  L  I  R  P  T  U  R  N
U  J  O  V  T  T  Q  C  Á  G  A  V  H  A
E  U  W  Þ  H  Z  T  H  Ð  H  F  T  V  S
```

ÍBÚÐ	SJÚKRAHÚS
HLÖÐU	HÓTEL
KLEFA	SAFN
KASTALI	SKÓLI
KVIKMYNDAHÚS	VÖLLINN
SENDIRÁÐ	TJALD
VERKSMIÐJU	LEIKHÚS
BÆR	TURN
BÍLSKÚR	HÁSKÓLI

46 - Herbalism

```
W  G  L  L  O  F  N  A  R  B  L  Ó  M  P
T  Y  O  A  M  O  W  E  G  R  Æ  N  T  L
Þ  P  P  E  A  R  Ó  S  M  A  R  Í  N  A
G  F  E  N  N  E  L  T  A  G  M  J  K  N
I  A  R  C  H  G  C  R  T  Ð  A  S  T  T
Z  L  R  N  E  A  R  A  R  I  R  A  G  A
D  F  M  Ð  P  N  Y  G  E  O  J  F  Þ  M
E  Q  Y  A  U  O  B  O  I  Ð  O  F  I  Z
F  L  N  K  N  R  A  N  Ð  S  R  R  Ð  X
N  A  T  R  N  D  S  F  S  Q  A  A  A  A
I  G  U  M  Y  M  I  B  L  Ó  M  N  Ð  Z
M  T  H  V  Í  T  L  A  U  K  U  R  R  L
S  T  E  I  N  S  E  L  J  A  J  X  P  Ð
G  A  G  N  L  E  G  K  Q  W  M  W  R
```

ILMANDI	EFNI
BASIL	LOFNARBLÓM
GAGNLEG	MARJORAM
MATREIÐSLU	MYNTU
FENNEL	OREGANO
BRAGÐ	STEINSELJA
BLÓM	PLANTA
GARÐUR	RÓSMARÍN
HVÍTLAUKUR	SAFFRAN
GRÆNT	ESTRAGON

47 - Toys

```
Í  K  Y  R  B  L  E  I  R  E  S  G  V  T
U  M  U  T  Í  B  L  H  U  L  K  B  É  D
P  R  Y  Q  L  L  K  P  L  Z  Á  D  L  Ú
P  E  V  N  L  F  T  N  I  I  K  K  M  K
Á  I  Ö  X  D  L  L  E  S  T  T  I  E  K
H  Ð  R  F  L  U  G  V  É  L  I  I  N  A
A  H  U  C  D  G  N  B  O  L  T  I  N  Þ
L  J  B  A  D  D  T  A  L  T  Y  Ð  I  Þ
D  Ó  Í  U  E  R  R  V  R  E  D  J  Z  R
S  L  L  M  J  E  C  J  H  A  I  H  M  A
A  S  L  B  Æ  K  U  R  O  Ð  F  K  H  U
Z  G  Z  L  S  A  B  Á  T  U  R  L  I  T
H  A  N  D  V  E  R  K  N  B  B  V  T  R
W  T  R  O  M  M  U  R  D  E  T  F  Q  B
```

FLUGVÉL	DÚKKA
BOLTI	TROMMUR
REIÐHJÓL	UPPÁHALDS
BÁTUR	LEIKIR
BÆKUR	ÍMYNDUNARAFL
BÍLL	FLUGDREKA
SKÁK	ÞRAUT
LEIR	VÉLMENNI
HANDVERK	LEST
LITI	VÖRUBÍLL

48 - Vehicles

```
D E K K V E S P U Z Þ U T S
S L D U R C N K G R E H H D
Ð D N C V X Þ C U Ú I F V K
X F L U G V É L F T C V H Ð
P L O B Z G P Þ E U L C F D
T A X I B Í L L R N Q A L R
P U T D G H L S J V É L E Á
D G E Q K L N J A C Y L K T
S M R E I Ð H J Ó L M Y I T
H J Ó L H Ý S I B B I S Q A
X G U T Þ Y R L A Á D Q G R
H V X Q O I F Y K Y T U M V
D S J Ú K R A B Í L L U F É
K A F B Á T U R L K N F R L
```

FLUGVÉL	MÓTOR
SJÚKRABÍLL	FLEKI
REIÐHJÓL	ELDFLAUG
BÁTUR	VESPU
RÚTU	SKUTLA
BÍLL	KAFBÁTUR
HJÓLHÝSI	TAXI
VÉL	DEKK
FERJA	DRÁTTARVÉL
ÞYRLA	

49 - Flowers

```
D  R  J  Y  J  Z  J  C  T  Þ  E  Ð  C  M
O  T  C  T  O  G  A  O  Y  L  G  A  D  A
V  E  P  G  K  A  S  M  Á  R  I  S  C  G
Ö  G  E  F  H  R  M  V  U  N  N  G  A  N
N  B  O  S  W  A  I  O  R  F  W  F  L  O
D  B  N  V  Ó  N  N  T  E  M  B  Í  E  L
H  A  Y  A  A  L  E  E  K  E  C  F  N  I
K  I  I  G  K  I  B  O  R  C  H  I  D  A
Ð  Þ  B  S  H  L  J  L  O  F  E  L  U  F
Þ  F  U  I  Y  Y  K  C  Ó  Ð  Þ  L  L  S
L  F  L  G  S  L  W  R  K  M  N  C  A  R
Í  O  F  L  X  C  P  L  U  M  E  R  I  A
L  Ð  K  R  Ó  N  U  B  L  A  Ð  D  T  O
A  I  I  F  H  K  K  S  P  O  P  P  Y  P
```

VÖND
CALENDULA
SMÁRI
DAISY
FÍFILL
TOGA
HIBISCUS
JASMINE
LÍLA

LILY
MAGNOLIA
ORCHID
PEONY
KRÓNUBLAÐ
PLUMERIA
POPPY
SÓLBLÓM

50 - Town

```
F  D  B  K  S  T  S  B  C  P  X  V  L  M
E  L  B  A  K  A  R  Í  A  Z  D  Ö  E  A
Ð  I  U  B  H  J  R  N  P  N  W  L  I  T
K  O  U  G  Z  H  T  R  Ó  J  K  L  K  V
W  K  O  N  V  V  O  J  T  V  A  I  H  Ö
O  V  F  D  E  Ö  B  W  E  K  F  N  Ú  R
S  W  L  P  R  V  L  T  K  N  F  N  S  U
H  A  T  N  S  H  Ó  L  Þ  C  I  N  A  B
U  Á  N  K  L  Ó  M  R  U  V  H  M  F  Ú
F  B  S  Þ  U  T  A  G  O  R  Ú  H  N  Ð
D  O  B  K  N  E  B  Ó  K  A  S  A  F  N
U  T  D  Þ  Ó  L  Ú  B  Ó  K  A  B  Ú  Ð
Z  Z  A  F  S  L  Ð  P  S  K  Ó  L  I  T
C  I  U  Q  U  D  I  G  A  L  L  E  R  Í
```

FLUGVÖLLUR	SAFN
BAKARÍ	APÓTEK
BANKI	SKÓLI
BÓKABÚÐ	VÖLLINN
KAFFIHÚS	VERSLUN
BLÓMABÚÐ	MATVÖRUBÚÐ
GALLERÍ	LEIKHÚS
HÓTEL	HÁSKÓLI
BÓKASAFN	

51 - Antarctica

```
R  A  N  N  S  Ó  K  N  I  R  Q  Z  N  E
S  T  E  I  N  E  F  N  I  Ð  X  K  S  I
D  L  Í  L  A  N  D  S  L  A  G  Q  T  U
V  Í  S  I  N  D  L  E  G  T  F  L  Ó  I
A  Á  I  K  U  C  O  V  E  R  L  K  A  R
T  L  G  N  Ý  M  Y  A  U  Z  O  B  C  K
N  F  H  M  H  Ð  H  Þ  N  G  R  C  M  A
F  U  G  L  A  R  J  V  Y  R  U  V  K  P
X  N  E  Q  Q  G  Ö  N  E  Q  I  F  W  Y
H  N  Y  R  E  E  K  P  L  R  E  S  Z  V
I  I  J  F  V  J  L  T  V  R  F  W  N  X
P  V  A  H  I  T  A  S  T  I  G  I  W  N
C  D  R  Þ  R  J  R  V  E  R  N  D  U  N
L  E  I  Ð  A  N  G  U  R  S  K  A  G  I
```

FLÓI   EYJAR
FUGLAR   STEINEFNI
SKÝ   SKAGI
VERNDUN   RANNSÓKNIR
ÁLFUNNI   ROCKY
COVE   VÍSINDLEGT
UMHVERFI   HITASTIG
LEIÐANGUR   LANDSLAG
JÖKLAR   VATN
ÍS

52 - Ballet

```
T  V  L  I  S  T  R  Æ  N  N  Á  Ð  S  U
Ó  F  Ö  Q  J  Ð  T  R  U  B  H  H  Ð  A
N  T  E  Ð  V  U  Z  F  F  Y  O  C  Y  D
S  Ó  R  S  V  B  A  L  L  E  R  Í  N  A
K  N  W  T  V  A  T  G  E  Æ  F  I  N  G
Á  L  Z  Y  K  I  N  U  O  D  E  T  T  L
L  I  L  R  Þ  Ó  P  H  Æ  F  N  I  Q  Ó
D  S  T  K  N  A  R  M  C  Y  D  N  Ð  F
S  T  Í  L  J  N  D  E  I  M  U  Z  G  A
Ó  E  N  E  J  H  Q  T  Ó  K  R  G  W  K
L  I  P  I  X  K  S  N  Y  G  I  X  K  L
Ó  T  A  K  T  U  R  K  S  Q  R  L  I  A
D  L  Ð  I  Z  Z  Ð  X  Þ  V  R  A  L  P
T  I  G  N  A  R  L  E  G  T  Z  V  F  P
```

LÓFAKLAPP	STYRKLEIKI
LISTRÆNN	VÖÐVA
ÁHORFENDUR	TÓNLIST
BALLERÍNA	ÆFING
KÓREÓGRAF	TAKTUR
TÓNSKÁLD	HÆFNI
SVIPMIKILL	SÓLÓ
TIGNARLEGT	STÍL

53 - Human Body

```
H  Ð  Q  B  L  Q  F  N  F  T  E  Þ  Þ  W
F  Y  S  E  Ð  K  L  V  X  R  Y  K  T  H
Þ  Ó  D  I  Z  U  H  J  Z  H  D  X  W  B
Ö  T  T  N  V  H  J  A  R  T  A  O  R  H
H  K  E  U  G  N  J  T  O  H  Ú  Ð  A  W
Á  O  K  Þ  R  É  E  N  L  F  L  D  X  K
L  Þ  K  L  H  Ö  K  U  N  T  N  T  N  I
S  O  H  K  A  Þ  A  L  B  Þ  E  L  S  W
L  T  E  Y  R  A  Ö  Þ  O  H  F  F  J  G
W  T  I  H  S  N  X  Q  G  Ö  I  R  E  Q
Z  V  L  K  J  Á  L  K  A  N  D  L  I  T
O  I  I  M  U  N  N  U  R  D  R  X  Y  Q
M  F  I  N  G  U  R  B  L  Ó  Ð  G  D  S
H  Ö  F  U  Ð  C  O  J  A  J  H  F  D  B
```

ÖKKLA	HÖFUÐ
BLÓÐ	HJARTA
BEIN	KJÁLKA
HEILI	HNÉ
HÖKU	FÓTUR
EYRA	MUNNUR
OLNBOGA	HÁLS
ANDLIT	NEF
FINGUR	ÖXL
HÖND	HÚÐ

54 - Musical Instruments

```
E  M  T  W  F  F  S  E  L  L  Ó  N  Ð  T
B  A  N  J  Ó  L  A  L  B  L  Q  V  X  R
Á  N  F  P  B  S  A  G  A  R  E  E  Ð  O
S  D  I  E  Ó  A  E  U  O  G  O  N  G  M
Ú  Ó  Ð  X  X  X  G  N  T  T  V  W  R  P
N  L  L  M  K  Ó  Q  D  I  U  T  E  T  E
A  Í  U  D  B  F  B  U  M  B  U  R  R  T
E  N  G  B  N  Ó  H  A  R  P  A  Þ  O  K
P  W  V  U  W  N  U  O  B  Z  Z  V  M  G
M  A  R  I  M  B  A  F  S  A  A  O  M  Í
D  C  T  M  U  N  N  H  Ö  R  P  U  A  T
K  L  A  R  I  N  E  T  T  Z  H  K  Y  A
I  E  A  P  Í  A  N  Ó  D  D  J  S  K  R
A  N  U  G  M  A  J  Q  Q  E  T  K  M  R
```

BANJÓ	MANDÓLÍN
FAGOTT	MARIMBA
SELLÓ	ÓBÓ
KLARINETT	SLAGVERK
TROMMA	PÍANÓ
FLAUTU	SAXÓFÓN
GONG	BUMBUR
GÍTAR	BÁSÚNA
MUNNHÖRPU	TROMPET
HARPA	FIÐLU

55 - Fruit

```
J  K  Ó  K  O  S  H  N  E  T  A  P  U  K
P  T  W  F  V  Í  N  B  E  R  H  E  M  I
A  U  H  K  E  T  K  H  W  G  D  R  Y  R
P  Z  L  G  G  R  N  A  H  U  B  A  N  S
A  P  R  Í  K  Ó  S  A  C  A  E  B  D  U
Y  D  V  F  F  N  O  K  L  V  R  K  D  B
A  E  P  L  I  U  Ð  Í  J  A  J  S  G  E
M  E  L  Ó  N  A  T  V  Ð  A  L  D  G  R
O  Þ  Y  V  F  Ð  U  Í  S  V  Þ  V  O  N
Q  W  I  J  E  M  O  U  G  Ó  Ð  U  R  Ð
P  C  A  N  A  N  A  S  N  K  S  Q  B  J
I  K  U  S  P  Ð  B  N  B  A  N  A  N  I
B  Þ  I  T  I  L  A  A  G  D  E  A  H  A
N  E  C  T  A  R  I  N  E  Ó  C  S  Q  Q
```

EPLI
APRÍKÓSA
AVÓKADÓ
BANANI
BER
KIRSUBER
KÓKOSHNETA
MYND
VÍNBER
GUAVA

KÍVÍ
SÍTRÓNU
MANGÓ
MELÓNA
NECTARINE
PAPAYA
FERSKJA
PERA
ANANAS

56 - Virtues #1

```
J A H E H H G Ó Ð U R Q L H
F F J F R A H O H O W K D E
Z G Á G E G Ö R L Á T U R I
P E L H I N R S C B Ð A K L
B R P Ó N Ý U K S C F U L L
F A S G T T G I T Y Y Ð R A
O N A V G C G L J K N R J N
R D M Æ O S U V D E D Q Y D
V I U R E Q R I Y K I Y J I
I B R H W B Á R A U Ð A S T
T B K P S J Ú K L I N G U R
I Á S T R Í Ð U F U L L U R
N V I T U R G R E I N D U R
N L I S T R Æ N N Z V U R M
```

LISTRÆNN	HJÁLPSAMUR
HEILLANDI	ÓHÁÐUR
HREINT	GREINDUR
ÖRUGGUR	HÓGVÆR
FORVITINN	ÁSTRÍÐUFULLUR
AFGERANDI	SJÚKLINGUR
SKILVIRKUR	HAGNÝT
FYNDIÐ	ÁRAUÐAST
ÖRLÁTUR	VITUR
GÓÐUR	

57 - Kitchen

```
W O V O L P Q T P U C E S Y
X F R Y S T I V I U Ð M V X
Z N K Ö N N U C N M A T U R
H P E R E M P Í N K Ð U N Z
N Q T Þ Y Þ E S A A B C T R
G R I L L D S S R Z O Ð U U
S W L R K H D K Y C R B G P
X V L L K N F Á E E Ð O E P
L C A A H Í A P T I A L U S
F F K M H F I U W V Ð L Þ K
K O Y J P A L R K L A A K R
Q R C B O U O B L N V W R I
S K Á L U K R U K K U X M F
C S E R V Í E T T A H W Z T
```

SVUNTU
SKÁL
PINNAR
BOLLA
MATUR
FORKS
FRYSTI
GRILL
KRUKKU
KÖNNU

KETILL
HNÍFA
SERVÍETTA
OFN
UPPSKRIFT
ÍSSKÁPUR
KRYDD
SVAMPUR
SKEIÐAR
AÐ BORÐA

58 - Art Supplies

```
R  S  T  R  O  K  L  E  Ð  U  R  G  X  T
Þ  K  V  M  Y  L  I  T  I  C  Z  L  K  N
N  Ö  A  N  B  U  Í  P  V  A  S  Æ  O  Þ
J  P  T  M  Y  N  D  A  V  É  L  S  L  L
S  U  N  Á  K  I  P  P  A  Þ  C  L  A  Í
H  N  S  L  V  F  H  P  T  B  M  A  G  M
A  B  L  N  I  J  S  Í  N  L  O  W  Z  M
Q  L  I  I  C  P  K  R  K  Ý  Q  R  Q  W
T  E  T  N  U  M  O  M  Ð  A  H  S  Ð  J
A  K  I  G  H  U  G  M  Y  N  D  I  R  M
K  R  R  U  E  L  H  Z  S  T  Ó  L  G  T
R  Y  O  Y  C  P  E  M  G  A  E  S  E  E
Ý  U  D  Q  Y  O  W  I  E  R  T  M  A  U
L  V  A  Q  Y  V  B  U  R  S  T  A  R  R
```

AKRÝL	LÍM
BURSTAR	HUGMYNDIR
MYNDAVÉL	BLEK
STÓL	OLÍA
KOL	MÁLNINGU
LEIR	PAPPÍR
LITI	BLÝANTAR
SKÖPUN	BORÐ
GLÆSLA	VATN
STROKLEÐUR	VATNSLITIR

59 - Science Fiction

```
K V I K M Y N D A H Ú S W G
T R L O T U K E R F I N U A
Æ P E S P R E N G I N G B L
K D L I M Y D Y S T Ó P Í A
N U D V K Ú T Ó P Í A N Í X
I L U É L I Ð T Y J Z M M Y
L A R F Ó D S I L E A S Y V
Z R O R N E X T R E M E N É
F F O É N Þ E K J Þ E N D L
R U V T J C B F Y A Ý Z A M
Á L Ð T I E Ð Æ N Þ R Þ Ð E
B L E K K I N G K I V N Ð N
Æ U I C O H E I M U R A A N
R R L U N K J O R Þ R I K I
```

LOTUKERFINU
BÆKUR
EFNI
KVIKMYNDAHÚS
KLÓN
DYSTÓPÍA
SPRENGING
EXTREME
FRÁBÆR
ELDUR

GALAXY
BLEKKING
ÍMYNDAÐ
DULARFULLUR
VÉFRÉTT
REIKISTJARNA
VÉLMENNI
TÆKNI
ÚTÓPÍA
HEIMUR

60 - Airplanes

```
F  H  E  S  A  G  A  Á  D  U  K  N  X  U
J  L  I  C  T  I  J  H  D  P  O  O  O  Æ
H  O  U  M  O  E  N  Ö  R  P  B  V  T  V
Q  F  F  G  I  L  F  F  A  R  Þ  E  G  I
L  T  E  O  M  N  O  N  N  U  W  T  S  N
S  M  Í  Ð  I  A  N  Q  U  N  M  N  T  T
E  O  U  P  H  Æ  Ð  J  N  A  R  I  J  Ý
S  K  R  Ú  F  U  R  U  R  Ó  K  N  Ó  R
L  E  N  D  I  N  G  Ð  R  K  A  S  R  I
V  É  L  E  L  D  S  N  E  Y  T  I  N  Ð
B  L  Ö  Ð  R  U  N  E  G  R  K  O  M  B
K  T  Z  K  F  Q  U  O  V  R  O  R  Á  Q
N  C  K  V  T  K  T  F  I  Ð  Z  F  L  V
F  E  I  H  Ö  N  N  U  N  J  T  D  Ð  V
```

ÆVINTÝRI	ELDSNEYTI
LOFT	HÆÐ
STJÓRNMÁL	SAGA
BLÖÐRU	VETNI
SMÍÐI	LENDING
ÁHÖFN	FARÞEGI
UPPRUNA	FLUGMAÐUR
HÖNNUN	SKRÚFUR
STEFNU	HIMINN
VÉL	ÓKYRRÐ

61 - Ocean

```
Þ  Ö  R  U  N  G  A  L  H  T  K  S  H  N
R  M  H  V  A  L  U  R  Ö  Ú  Ó  J  S  Ð
Æ  A  I  W  B  I  H  A  F  N  R  Á  Þ  J
K  R  S  V  A  M  P  U  R  F  A  V  M  P
J  G  V  V  T  G  Q  V  U  I  L  A  U  Þ
A  L  F  T  K  I  R  D  N  S  L  R  I  F
X  Y  W  Q  M  O  K  I  G  K  Þ  F  W  N
Q  T  K  Ð  V  G  L  K  U  U  A  Ö  S  N
Z  T  P  B  C  H  B  K  R  R  N  L  A  Þ
Y  A  O  Þ  G  Á  Y  L  R  A  G  L  L  V
C  F  L  A  J  K  L  W  S  A  B  Q  T  R
O  S  T  R  A  A  L  L  Q  U  B  B  N  H
G  K  S  T  O  R  M  U  R  C  Q  B  I  G
E  C  F  I  C  L  F  I  S  K  U  R  I  A
```

ÞÖRUNGA	SALT
KÓRALL	ÞANG
KRABBI	HÁKARL
HÖFRUNGUR	RÆKJA
ÁLL	SVAMPUR
FISKUR	STORMUR
MARGLYTTA	SJÁVARFÖLL
KOLKRABBI	TÚNFISKUR
OSTRA	HVALUR
RIF	

62 - Birds

```
K S T O R K U R U B U O X X
P A Ö R N R C K F W T Ð X H
E T N G M Á M Ö R G Æ S B E
L O D A H K S M G J D P P R
I U W U R A O G M I Þ A E O
C C F K L Í B N F K N R A N
A A F U Ð F F G Æ S P R C O
N N B R I X L U T Þ D O O Þ
E M I K S E N A G Y S W C O
H G H F W R H B M L V R K J
Y Q G D Ú F A B L I A N F Þ
P Á F A G A U K U R N L P F
K J Ú K L I N G U R U G U L
H J J E S T R Ú T U R O O V
```

KANARÍFUGL	HERON
KJÚKLINGUR	STRÚTUR
KRÁKA	PÁFAGAUKUR
GAUKUR	PEACOCK
DÚFA	PELICAN
ÖND	MÖRGÆS
ÖRN	SPARROW
EGG	STORKUR
FLAMINGO	SVANUR
GÆS	TOUCAN

63 - Art

```
E F N I N N B L Á S T U R H
T E H G B P F G T Ú E H N Ö
Z I Y X Ð E L S Á R K G V G
F I L C Z R Ó A K R U Y Ð G
H S K A P S K M N E A N G M
M P E R S Ó I S Á A U E N Y
B Y I C J N Ð E N L J Ó Ð N
G P N N Ó U Z T B I V K J D
C F F D N L G N B S P E R F
Ð Z A K R E Ð I Z M S R R G
V U L W Æ G K N H I T A L K
X A T L N T U G Q X W M Ý R
H E I Ð A R L E G U R I S Y
O R I G I N L E G T A K A S
```

KERAMIK	PERSÓNULEGT
FLÓKIÐ	LJÓÐ
SAMSETNING	LÝSA
SEGÐ	HÖGGMYND
MYND	EINFALT
HEIÐARLEGUR	EFNI
INNBLÁSTUR	SÚRREALISMI
SKAP	TÁKN
ORIGINLEGT	SJÓNRÆN
MÁLVERK	

64 - Nutrition

```
E  B  W  K  O  L  V  E  T  N  I  Ð  M  V
N  I  V  Í  T  A  M  Í  N  R  Y  I  E  X
S  T  T  H  C  C  T  Þ  A  U  J  Q  L  H
Ó  U  S  U  M  A  T  A  R  L  Y  S  T  I
S  R  Æ  Þ  R  H  J  Q  L  T  Ð  H  I  T
A  Þ  T  Y  A  E  P  R  Ó  T  E  I  N  A
I  T  U  N  U  I  F  R  C  W  R  N  G  E
R  Q  R  G  K  L  N  N  V  E  N  J  A  I
Ó  V  G  D  N  S  R  T  I  K  U  E  O  N
L  W  Ð  I  M  A  T  A  R  Æ  Ð  I  P  I
E  T  H  E  I  L  B  R  I  G  Ð  U  R  N
G  E  R  J  U  N  Ð  A  O  S  Æ  B  Z  G
U  U  D  B  R  A  G  Ð  O  G  X  Ð  J  A
R  N  Æ  R  I  N  G  A  R  E  F  N  I  R
```

MATARLYST	VENJA
RÓLEGUR	HEILSA
BITUR	HEILBRIGÐUR
HITAEININGAR	NÆRINGAREFNI
KOLVETNI	PRÓTEIN
MATARÆÐI	GÆÐI
MELTING	SÓSA
ÆTUR	EITUREFNI
GERJUN	VÍTAMÍN
BRAGÐ	ÞYNGD

65 - Hiking

```
K  F  X  S  F  T  L  O  V  Ð  S  M  S  L
N  O  S  B  J  A  R  G  I  Q  T  O  T  E
S  Á  A  N  A  E  P  Ð  L  Q  E  S  Í  I
V  C  T  O  L  F  P  G  L  F  I  K  G  Ð
E  A  Ú  T  L  K  J  M  T  F  N  Í  V  S
Ð  M  T  A  Ú  O  P  Þ  I  H  A  T  É  Ö
U  U  J  N  A  R  H  F  D  Ý  R  Ó  L  G
R  Þ  Æ  T  A  T  A  W  Y  Ð  S  F  N  U
F  W  Ð  I  Þ  C  Z  N  E  S  Ó  L  C  M
A  C  A  U  Q  U  S  D  K  N  Ð  U  X  E
R  C  H  W  K  B  N  X  I  P  C  G  Q  N
V  L  Þ  G  X  R  H  G  A  R  Ð  U  R  N
Þ  R  E  Y  T  T  U  R  T  I  S  R  Ð  A
F  U  N  D  I  N  U  M  O  H  W  O  X  D
```

DÝR	FJALL
STÍGVÉL	NÁTTÚRAN
ÚTJÆÐA	GARÐUR
BJARG	STEINAR
VEÐURFAR	FUNDINUM
LEIÐSÖGUMENN	SÓL
ÞUNGT	ÞREYTTUR
KORT	VATN
MOSKÍTÓFLUGUR	VILLT

66 - Professions #1

```
T  K  O  S  E  J  L  L  L  Þ  L  B  S  Y
A  N  J  W  R  F  Æ  Ö  Ö  Þ  I  A  Á  J
B  V  P  C  H  Y  K  G  G  J  S  N  L  A
Q  E  O  S  Z  N  N  F  M  Á  T  K  F  R
N  I  D  C  E  I  I  R  A  L  A  A  R  Ð
Þ  Ð  W  W  K  N  R  Æ  Ð  F  M  S  Æ  F
K  I  I  L  J  U  D  Ð  U  A  A  T  Ð  R
Þ  M  R  P  J  P  I  I  R  R  Ð  J  I  Æ
D  A  N  S  A  R  I  N  H  I  U  Ó  N  Ð
B  Ð  O  U  T  D  L  G  G  E  R  R  G  I
A  U  U  T  H  G  Q  U  T  W  R  I  U  N
F  R  V  É  L  V  I  R  K  I  V  R  R  G
S  J  Ó  M  A  Ð  U  R  S  T  Z  F  A  U
Í  Þ  R  Ó  T  T  A  M  A  Ð  U  R  M  R
```

SENDIHERRA
LISTAMAÐUR
ÍÞRÓTTAMAÐUR
LÖGMAÐUR
BANKASTJÓRI
ÞJÁLFARI
DANSARI

LÆKNIR
JARÐFRÆÐINGUR
VEIÐIMAÐUR
LÖGFRÆÐINGUR
VÉLVIRKI
SÁLFRÆÐINGUR
SJÓMAÐUR

67 - Dinosaurs

```
F O R S Ö G U L E G U M J S
H M H V A R F V E H N A U T
G N Q P T A I I V A Z M R Æ
A I U J Ö R Ð G F L F M T R
L V B R Á Ð B Í R I R O A Ð
Þ O S T Ó R P F S I V T Æ K
Ð R E Ð F M B U K T M H T Z
G E Ó Þ M C H R R E K M A V
Ö F L U G U R L I G J V U M
D G S I N H Ð E Ð U Ö Æ X R
Ð C L X E N D G D N T N Y A
Ð M H Q I O A U Ý D Æ G J E
H A L A U K Q R R Y T I Ð J
W A V Ð Þ A V S Þ X A I U G
```

KJÖTÆTA	ÖFLUGUR
HVARF	FORSÖGULEGUM
JÖRÐ	BRÁÐ
GÍFURLEGUR	SKRIÐDÝR
ÞRÓUN	STÆRÐ
JURTAÆTA	TEGUND
STÓR	HALI
MAMMOTH	GRIMMUR
OMNIVORE	VÆNGI

68 - Barbecues

```
D  N  U  U  Þ  Z  E  S  Ó  S  A  P  M  K
Y  B  Q  H  N  Í  F  A  V  V  D  Q  X  J
T  A  H  F  E  V  G  L  M  A  T  U  R  Ú
T  Ó  U  J  L  I  U  Ö  B  G  Þ  E  Z  K
T  J  N  Ö  A  N  T  T  Ö  R  C  Q  K  L
Ó  S  G  L  Þ  I  Ð  T  R  Æ  M  F  V  I
M  F  U  S  I  R  G  Z  N  N  K  R  Ö  N
A  Q  R  K  Y  S  W  K  Y  M  Q  Z  L  G
T  J  Ð  Y  K  F  T  G  V  E  S  J  D  U
A  V  H  L  X  Á  V  Ö  X  T  U  R  M  R
R  D  A  D  U  L  P  D  O  I  M  Q  A  C
S  G  E  A  G  R  I  L  L  S  A  L  T  M
F  O  R  K  S  Q  Q  P  T  F  R  Y  U  Y
S  K  D  Z  V  V  Þ  L  E  I  K  I  R  J
```

KJÚKLINGUR	HEITT
BÖRN	HUNGUR
KVÖLDMATUR	HNÍFA
FJÖLSKYLDA	TÓNLIST
MATUR	SALÖT
FORKS	SALT
VINIR	SÓSA
ÁVÖXTUR	SUMAR
LEIKIR	TÓMATAR
GRILL	GRÆNMETI

69 - Surfing

```
T G K A E W W A F X O O M Z
B J A A B X I R Y H A I A G
H M I M N G T B Y T G N N H
H W V E A I A R V L Ð R N L
Ð Z E F S N B R E Z K B F Y
W W Ð I F Þ Y Q M M Q O J B
Þ Q U J U J R R E X E E Ö Y
M Ú R X E H J V I N S Æ L L
A Ð S Y N D A V S F T S D G
G A O H A F N Y T C Y T I J
I F J A R A D I A W R Í V A
F R O Ð U N I H R M K L F S
H R A Ð I B S D I W U T D M
A U K H J O E X Q V R K A F
```

FJARA
BYRJANDI
MEISTARI
MANNFJÖLDI
EXTREME
FROÐU
GAMAN
HAF
VINSÆLL

RIF
HRAÐI
ÚÐA
MAGI
STYRKUR
STÍL
AÐ SYNDA
BYLGJA
VEÐUR

70 - Chocolate

```
Ð  B  U  P  P  Á  H  A  L  D  S  F  N  N
K  I  H  P  E  F  N  I  X  K  U  Y  Z  A
Ó  T  A  Q  P  Q  S  L  C  F  F  R  T  M
K  U  N  D  F  S  I  M  L  C  S  B  A  M
O  R  D  I  W  R  K  U  R  R  B  Ð  F  I
S  R  V  S  Y  K  A  R  A  M  E  L  L  A
H  N  E  T  U  M  K  M  I  O  L  A  B  L
N  J  R  Ð  Þ  D  Ó  C  A  F  O  V  R  I
E  Þ  K  S  G  K  K  Q  Þ  N  T  V  A  O
T  F  D  L  Æ  S  E  K  S  C  D  V  G  L
A  Þ  Ð  Ð  T  X  V  Y  Ð  C  I  Ð  K
B  P  T  O  I  O  U  D  K  Y  Z  A  V  J
Z  Z  X  L  U  A  O  R  U  N  Ð  V  Z  H
A  N  D  O  X  U  N  A  R  E  F  N  I  M
```

ANDOXUNAREFNI
ILMUR
HANDVERK
BITUR
KAKÓ
NAMMI
KARAMELLA
KÓKOSHNETA
FRAMANDI

UPPÁHALDS
EFNI
HNETUM
GÆÐI
UPPSKRIFT
SYKUR
SÆTUR
BRAGÐ

71 - Vegetables

```
K  L  X  B  H  P  T  T  S  S  S  D  Y  R
E  M  I  H  J  F  U  Ó  P  E  V  W  B  Æ
S  G  Ú  R  K  U  I  M  E  L  E  J  L  Ð
A  S  P  Í  N  A  T  A  R  L  P  H  Ó  J
L  Þ  Q  S  G  Æ  X  T  G  E  P  V  M  A
A  A  Y  T  D  X  P  U  I  R  I  Í  K  E
T  X  I  E  S  Z  X  A  L  Í  R  T  Á  G
I  L  M  I  A  L  A  U  K  U  R  L  L  G
X  J  D  N  X  F  C  P  Á  W  W  A  G  A
G  R  A  S  K  E  R  E  L  Z  O  U  U  L
O  B  A  E  G  N  M  A  N  E  G  K  L  D
S  K  A  L  O  T  T  L  A  U  K  U  R  I
F  G  T  J  W  E  N  G  I  F  E  R  Ó  N
C  Y  Y  A  R  T  I  H  O  K  E  L  T  X
```

ARTIHOKE	LAUKUR
SPERGILKÁL	STEINSELJA
GULRÓT	PEA
BLÓMKÁL	GRASKER
SELLERÍ	RÆÐJA
GÚRKU	SALAT
EGGALDIN	SKALOTTLAUKUR
HVÍTLAUKUR	SPÍNAT
ENGIFER	TÓMAT
SVEPPIR	NÆPA

72 - Boats

```
S  J  Ó  M  A  Ð  U  R  V  P  K  D  B  B
E  Y  Q  D  U  K  Ð  O  É  N  W  H  I  A
G  F  E  Þ  B  K  Z  R  L  B  A  A  N  O
L  U  G  S  M  A  S  T  U  R  I  V  E  R
B  L  B  J  B  J  U  Y  A  T  S  N  H  E
Á  S  J  Ó  M  A  N  N  A  R  E  I  P  I
T  T  F  A  K  K  E  R  I  H  Ð  K  M  H
U  Ö  L  J  Z  U  A  A  I  A  V  A  O  H
R  Ð  E  A  Ö  U  Á  H  Ö  F  N  N  U  F
M  U  K  Y  B  R  Y  G  G  J  U  Ó  E  K
D  V  I  U  O  A  U  S  N  E  K  K  J  U
C  A  K  M  L  J  X  Þ  W  C  Q  E  I  M
Y  T  K  K  V  Z  K  B  X  K  T  K  N  Q
W  N  Y  K  I  W  F  E  R  J  A  Þ  S  I
```

AKKERI	SJÓMANNA
BAU	HAF
KANÓ	FLEKI
ÁHÖFN	RIVER
BRYGGJU	REIPI
VÉL	SEGLBÁTUR
FERJA	SJÓMAÐUR
KAJAK	SJÓ
STÖÐUVATN	FJÖRU
MASTUR	SNEKKJU

73 - Activities and Leisure

```
B  V  N  B  M  S  F  W  P  L  K  G  W  H
G  Q  C  X  I  G  U  U  L  J  A  A  C  A
B  R  P  N  U  Ö  P  N  E  G  P  R  V  F
Þ  K  Ö  F  U  N  Ð  J  D  B  P  Ð  H  N
F  M  Á  H  U  G  A  M  Á  L  A  Y  K  A
V  E  I  Ð  I  U  F  J  E  A  K  R  Ö  B
H  D  I  P  H  F  E  Q  D  K  S  K  R  O
H  M  Á  L  V  E  R  K  M  Z  T  J  F  L
X  Z  U  X  L  R  Ð  A  M  X  U  A  U  T
A  Ú  T  J  Æ  Ð  A  L  G  I  R  C  B  I
G  T  E  N  N  I  S  R  I  O  I  R  O  W
W  J  Þ  N  J  R  T  L  Y  S  L  Þ  L  J
V  E  R  S  L  A  I  T  T  E  T  F  T  T
A  F  S  L  A  P  P  A  N  D  I  Ð  I  Þ
```

LIST	ÁHUGAMÁL
HAFNABOLTI	MÁLVERK
KÖRFUBOLTI	KAPPAKSTUR
ÚTJÆÐA	AFSLAPPANDI
KÖFUN	VERSLA
VEIÐI	SUND
GARÐYRKJA	TENNIS
GOLF	FERÐAST
GÖNGUFERÐIR	BLAK

74 - Driving

```
X  T  Ö  D  Þ  H  F  B  F  E  U  B  H  V
E  O  F  R  O  H  K  O  R  T  H  Í  Æ  Ð
M  L  Ð  W  Y  P  C  N  T  E  A  L  T  F
Ó  U  D  E  X  G  Ö  N  G  A  M  L  T  N
T  M  W  S  T  A  G  V  Z  T  D  S  A  V
O  F  U  L  N  S  K  I  K  W  L  H  U  Ö
R  E  A  Y  X  E  B  Í  L  S  K  Ú  R  R
H  R  C  S  P  Q  Y  O  C  M  H  H  G  U
J  Ð  G  B  G  M  Ó  T  O  R  R  X  X  B
Ó  L  E  Y  F  I  U  Q  I  O  A  M  G  Í
L  L  Ö  G  R  E  G  L  A  N  Ð  E  S  L
G  A  N  G  A  N  D  I  M  H  I  V  X  L
S  E  V  E  G  U  R  O  A  K  E  H  Ð  Y
B  Í  L  S  T  J  Ó  R  I  E  E  Y  Þ  L
```

SLYS	MÓTOR
BREMSUR	MÓTORHJÓL
BÍLL	GANGANDI
HÆTTA	LÖGREGLAN
BÍLSTJÓRI	VEGUR
ELDSNEYTI	ÖRYGGI
BÍLSKÚR	HRAÐI
GAS	UMFERÐ
LEYFI	VÖRUBÍLL
KORT	GÖNG

75 - Professions #2

```
S  Z  T  N  Þ  S  X  L  L  B  V  L  O  T
F  K  Q  Z  N  H  O  O  B  Æ  H  E  C  E
L  E  U  H  Z  S  T  R  B  X  K  F  L  I
U  N  B  R  M  Á  L  A  R  I  A  N  K  K
G  N  L  G  Ð  V  U  W  E  H  S  A  I  N
M  A  A  E  G  L  W  U  T  J  C  F  P  A
A  R  Ð  I  R  X  Æ  P  A  L  I  R  R  R
Ð  I  A  M  G  Þ  S  K  N  U  D  Æ  Ó  I
U  B  M  F  N  Þ  B  Ó  N  D  I  Ð  F  Ð
R  Z  A  A  P  W  U  P  L  I  Z  I  E  V
S  Q  Ð  R  L  N  W  U  Æ  B  R  N  S  Q
J  X  U  I  K  T  Z  A  K  K  B  G  S  P
V  T  R  K  I  F  F  J  N  S  T  U  O  R
R  A  N  N  S  Ó  K  N  I  R  D  R  R  B
```

GEIMFARI	LÆKNI
EFNAFRÆÐINGUR	FLUGMAÐUR
TANNLÆKNI	PRÓFESSOR
BÓNDI	RANNSÓKNIR
TEIKNARI	SKURÐLÆKNIR
BLAÐAMAÐUR	KENNARI
MÁLARI	

76 - Emotions

```
I  S  A  A  S  X  V  D  E  E  Z  K  Á  V
X  Æ  G  Ó  Ð  V  I  L  D  L  F  G  S  A
F  L  É  T  T  I  R  S  P  E  N  N  T  N
R  A  O  W  N  U  Ó  I  D  Ó  T  T  I  D
I  F  F  G  L  E  I  Ð  I  N  D  I  Þ  R
Ð  S  U  I  N  Y  S  W  F  C  Þ  C  A  Æ
U  L  L  H  S  M  O  S  B  Þ  G  Y  K  Ð
R  A  L  M  G  S  R  A  V  Ð  X  Q  K  A
Þ  P  N  T  Q  L  G  M  X  Z  X  N  L  L
U  P  Æ  Q  S  I  E  Ú  O  E  F  Q  Á  E
K  A  G  E  A  V  L  Ð  Ð  N  G  D  T  G
R  Ð  T  E  Ð  Þ  O  M  I  B  O  J  U  U
P  U  I  D  H  N  Y  I  K  S  Ð  X  R  R
M  R  R  E  I  Ð  I  U  N  R  O  D  Ð  I
```

REIÐI	GÓÐVILD
SÆLA	ÁST
LEIÐINDI	FRIÐUR
LOGN	AFSLAPPAÐUR
EFNI	LÉTTIR
VANDRÆÐALEGUR	SORG
SPENNT	FULLNÆGT
ÓTTI	SAMÚÐ
ÞAKKLÁTUR	EYMSLI
GLEÐI	RÓ

77 - Mythology

```
D W F H S C L K E H H S S V
Þ Y H B E Y W Þ L E E K S Ö
J H I D Ö F U N D G T E T L
Ó Þ M U U X N P I Ð J P Y U
Ð D N I M I T D N U A N R N
S Þ A R R E Z H G N I A K D
A M R U S K R Í M S L I U A
G E Í U Ð H Ö R M U N G R R
A N K O M L V I Ð H O R F H
Q N I E G U E S K Ö P U N Ú
G I Þ G Q V R I M T Y Þ M S
D N G P A P A F K G P A V I
C G D A U Ð L E G A S H O N
K R G Z P U A R K E T Y P E
```

ARKETYPE   ÖFUND
HEGÐUN   VÖLUNDARHÚS
VIÐHORF   ÞJÓÐSAGA
SKÖPUN   ELDING
SKEPNA   SKRÍMSLI
MENNING   DAUÐLEG
HÖRMUNG   HEFND
HIMNARÍKI   STYRKUR
HETJA   ÞRUMUR
ÓDAUÐLEIKA

78 - Hair Types

A Þ M J Q P P Þ Y L F S H O
O U F X I M F Y X I L K E Þ
K R U L L A Y K X T É Ö I A
H R O K K I Ð K X A T L L T
Þ T Q H V Í T U R Ð T L B S
Þ U N N U R U R Þ Q U Ó R V
L J Ó S H Æ R Ð U R R T I A
P A S B B O Q C Ð H F T G R
U D N I R R M Þ Y M L U Ð T
W G L G L Ú C O W J É R U J
J U D R T F N R C Ú T F R Þ
W Y N Á S T U T T K T A A W
O C I R V B Z R O U U Z I M
G L A N S A N D I R M U T R

SKÖLLÓTTUR	GRÁR
SVART	HEILBRIGÐUR
LJÓSHÆRÐUR	LANGT
FLÉTTUM	GLANSANDI
FLÉTTUR	STUTT
BRÚNT	SILFUR
LITAÐ	MJÚKUR
KRULLA	ÞYKKUR
HROKKIÐ	ÞUNNUR
ÞURR	HVÍTUR

79 - Furniture

```
R  G  G  S  T  Ó  L  U  B  K  P  Z  V  D
B  L  Ó  P  Ó  S  E  N  G  U  O  X  I  Ý
Ó  U  L  E  A  F  H  H  U  G  G  A  T  N
K  G  F  G  X  Ð  A  E  V  Q  U  R  P  A
A  G  M  I  M  T  H  N  F  Z  D  M  T  B
S  A  O  L  A  Þ  H  G  U  D  J  C  P  U
K  T  T  L  B  Y  I  I  K  M  O  F  Z  K
Á  J  T  A  E  X  L  R  B  O  D  F  L  O
P  Ö  A  E  J  T  L  Ú  V  P  D  D  A  M
U  L  O  U  X  M  U  M  Þ  N  D  D  I  M
R  D  G  A  X  T  R  A  L  A  M  P  I  Ó
S  K  R  I  F  B  O  R  Ð  N  U  J  A  Ð
B  E  K  K  U  R  P  Ú  Ð  A  R  O  H  A
P  R  X  G  C  L  B  M  C  X  L  K  P  B
```

RÚM	KOMMÓÐA
BEKKUR	HENGIRÚM
BÓKASKÁPUR	LAMPI
STÓL	DÝNA
HUGGA	SPEGILL
SÓFANUM	KODDI
GLUGGATJÖLD	GÓLFMOTTA
PÚÐAR	HILLUR
SKRIFBORÐ	

80 - Garden

```
J K O X G V H E N G I R Ú M
B Í L S K Ú R G Þ R F V B R
U P J Þ D W Í B G A U U C S
S K Q Ð A T F P J S A B Ð L
H B S C C X A M B F Q M O Ö
Z L N W B V W L Q L Ð P N N
W Y H E V Í Q Y Ð Ö Ó O T G
G I R Ð I N G X L T M M J U
G R J S A V E R Ö N D T Ö N
T A A L D I N G A R Ð U R A
R M R S X Ð B E K K U R N M
É Y G Ð X U S T E I N A R O
N X F M U R W W L E P B Z K
Y U A N T R A M P Ó L Í N A
```

BEKKUR
BUSH
GIRÐING
BLÓM
BÍLSKÚR
GARÐUR
GRAS
HENGIRÚM
SLÖNGUNA
GRASFLÖT

ALDINGARÐUR
TJÖRN
HRÍFA
STEINAR
MOKA
VERÖND
TRAMPÓLÍN
TRÉ
VÍNVIÐUR

81 - Birthday

```
D  G  J  Ö  F  N  X  W  T  K  G  W  I  L
A  F  R  Á  B  Æ  R  T  Í  E  L  V  A  V
G  A  M  A  N  Þ  D  W  M  R  A  M  Ð  I
U  S  P  I  L  Z  I  D  I  T  Ð  E  L  S
R  É  Z  V  R  A  I  K  U  I  U  Á  Æ  K
I  R  T  U  H  B  L  D  C  R  R  R  R  I
G  S  A  S  N  D  I  Z  J  I  V  W  A  K
Ð  T  L  L  K  G  W  I  B  O  Ð  L  V  O
P  A  V  L  A  G  U  L  F  C  W  E  G  M
B  K  Þ  I  K  H  S  R  N  Z  P  Ð  S  A
Z  T  X  A  A  D  A  G  A  T  A  L  W  R
H  A  M  I  N  G  J  U  S  A  M  U  R  Z
V  L  Y  R  H  Á  T  Í  Ð  K  C  B  Þ  Þ
C  V  U  Y  S  P  D  C  Ð  A  Q  P  O  M
```

FÆDDUR	HAMINGJUSAMUR
KAKA	BOÐ
DAGATAL	GLAÐUR
KERTI	LAG
SPIL	SÉRSTAKT
HÁTÍÐ	TÍMI
DAGUR	AÐ LÆRA
GAMAN	VISKI
GJÖF	ÁR
FRÁBÆRT	UNGUR

82 - Beach

```
B  S  J  E  R  S  Q  S  A  S  A  L  S  F
J  R  K  N  I  Ó  Q  E  T  K  G  Ó  A  Y
Ð  Y  Y  Ó  F  L  R  G  Þ  E  Ð  N  N  I
Q  C  S  G  F  R  Í  L  J  L  R  N  D  Þ
J  Þ  T  Ð  G  B  Q  B  L  J  E  T  U  E
H  M  R  Þ  X  J  V  Á  H  A  F  T  R  Z
S  A  Ö  L  Y  X  U  T  J  R  S  A  V  U
J  Ð  N  Þ  A  M  U  U  S  C  T  T  N  T
Ó  S  D  D  N  R  Y  R  K  R  A  B  B  I
H  Y  I  S  K  J  M  X  M  Ð  Q  X  J  Þ
I  N  N  I  M  L  R  E  G  N  H  L  Í  F
A  D  N  M  X  P  Æ  B  Á  T  U  R  D  T
K  A  I  L  D  G  Q  Ð  B  L  Á  R  C  E
K  T  Y  F  C  K  H  K  I  E  Y  J  A  K
```

BLÁR   SANDUR
BÁTUR   SKÓ
STRÖNDINNI   SJÓ
KRABBI   SKELJAR
BRYGGJU   SÓL
EYJA   AÐ SYNDA
LÓN   HANDKLÆÐI
HAF   REGNHLÍF
RIF   FRÍ
SEGLBÁTUR

83 - Adjectives #1

```
H  A  M  I  N  G  J  U  S  A  M  U  R  A
Þ  U  N  G  T  Þ  N  B  H  U  O  Ö  F  L
P  Z  H  J  V  M  Y  R  K  U  R  R  A  V
X  Ð  J  F  I  J  I  B  H  A  O  L  L  A
Z  V  Á  R  E  O  E  K  E  T  U  Á  L  R
A  Ð  L  A  Ð  A  N  D  I  F  V  T  E  L
I  R  P  M  S  L  I  Þ  Ð  L  Y  U  G  E
S  S  S  A  P  G  L  E  A  R  V  R  W  G
Ö  J  A  N  U  E  M  M  R  B  H  Æ  G  T
M  P  M  D  F  R  A  O  L  J  X  B  G  R
U  B  U  I  K  T  N  Ð  E  X  G  B  B  T
H  W  R  N  Þ  Y  D  Þ  G  U  S  L  D  M
N  Ú  T  Í  M  A  I  Þ  U  N  N  U  R  G
Þ  M  E  T  N  A  Ð  A  R  L  E  G  T  N
```

ALGER	ÞUNGT
METNAÐARLEGT	HJÁLPSAMUR
ILMANDI	HEIÐARLEGUR
AÐLAÐANDI	SÖMU
FALLEG	MIKILVÆGT
MYRKUR	NÚTÍMA
FRAMANDI	ALVARLEGT
ÖRLÁTUR	HÆGT
HAMINGJUSAMUR	ÞUNNUR

84 - Rainforest

```
W  V  B  V  R  S  K  O  R  D  Ý  R  F  E
A  U  E  O  G  K  X  M  Q  X  N  Q  F  Q
P  S  P  Ð  T  Ý  Q  I  O  Þ  Z  T  U  C
J  C  B  Ð  U  A  C  L  D  S  I  B  G  W
B  N  T  N  R  R  N  P  F  Y  S  V  L  E
T  E  G  U  N  D  F  I  S  O  E  V  A  N
A  T  H  V  A  R  F  A  C  V  Ð  I  R  D
N  Á  T  T  Ú  R  A  N  R  A  O  R  S  U
F  R  U  M  S  K  Ó  G  U  R  L  Ð  P  R
F  R  U  M  B  Y  G  G  J  A  I  I  E  R
S  A  M  F  É  L  A  G  P  E  F  N  N  E
V  A  R  Ð  V  E  I  S  L  U  U  G  D  I
R  F  R  O  S  K  D  Ý  R  D  N  R  Ý  S
F  J  Ö  L  B  R  E  Y  T  N  I  H  R  N
```

FROSKDÝR   SPENDÝR
FUGLAR   MOSS
BOTANICAL   NÁTTÚRAN
VEÐURFAR   VARÐVEISLU
SKÝ   ATHVARF
SAMFÉLAG   VIRÐING
FJÖLBREYTNI   ENDURREISN
FRUMBYGGJA   TEGUND
SKORDÝR   LIFUN
FRUMSKÓGUR

85 - Technology

```
L E T U R G E R Ð S K R Á S
R A N N S Ó K N I R D D R T
A Ð W S K J Á R G V Y G A A
K Y B V I O M R T Ö L V U F
M N B A L D W Y Ö Þ G V N R
Q W C F A I I S L N G N V Æ
B K V R B E T Þ F M F X E N
Æ L B A O E Ð A R Y M S R G
T H O E Ð Ð S Ð Æ N O B U H
I H P G N E T I Ð D W O L Ð
D G E H G D Q Z I A K H E Y
Ö R Y G G I I S B V D N G E
V E I R A Þ A L H É N U U T
J D L P H O J P L L B N R H
```

BLOGG	LETURGERÐ
VAFRA	NETIÐ
BÆTI	SKILABOÐ
MYNDAVÉL	RANNSÓKNIR
TÖLVU	SKJÁR
BENDILL	ÖRYGGI
GÖGN	TÖLFRÆÐI
STAFRÆN	RAUNVERULEGUR
SKRÁ	VEIRA

86 - Landscapes

```
F  P  H  G  O  S  H  V  E  R  F  F  V  R
J  J  C  Q  Ð  G  Æ  T  J  I  O  Ð  I  X
A  Þ  A  V  Y  A  Ð  U  V  V  S  A  N  Ð
L  U  H  R  D  I  T  N  A  E  S  Z  Þ  Z
L  C  T  Y  A  N  T  D  O  R  G  E  X  Ð
Y  Y  O  S  C  E  Ð  R  H  H  O  B  S  U
Í  H  R  D  M  D  F  A  U  J  M  R  N  W
S  T  Ö  Ð  U  V  A  T  N  M  M  U  K  U
B  E  W  S  J  Ð  E  L  D  F  J  A  L  L
E  Y  Ð  I  M  Ö  R  K  U  S  B  Þ  P  X
R  J  W  Y  Ý  P  K  Q  Q  R  H  A  F  Y
G  A  W  T  R  H  G  U  S  K  A  G  I  N
S  J  Ó  I  I  Þ  H  C  L  P  U  Q  S  D
C  R  S  Þ  H  E  L  L  I  L  N  B  D  A
```

FJARA	VIN
HELLI	HAF
EYÐIMÖRK	SKAGI
GOSHVER	RIVER
JÖKULL	SJÓ
HÆÐ	MÝRI
ÍSBERG	TUNDRA
EYJA	DALUR
STÖÐUVATN	ELDFJALL
FJALL	FOSS

87 - Visual Arts

```
M  H  Ö  G  G  M  Y  N  D  V  A  X  P  S
T  Á  U  S  I  W  B  Q  Q  V  J  Þ  E  B
K  G  L  J  Ó  S  M  Y  N  D  I  Z  N  L
W  M  B  V  M  Z  A  B  G  B  H  N  N  Ý
K  R  Í  T  E  C  D  D  B  E  Z  N  I  A
M  O  C  P  O  R  T  R  E  T  P  M  U  N
S  C  L  A  A  Þ  K  E  R  A  M  I  K  T
M  E  I  S  T  A  R  A  V  E  R  K  V  U
S  J  Ó  N  A  R  H  O  R  N  I  L  I  R
G  L  Æ  S  L  A  O  I  D  K  W  L  K  Q
A  R  K  I  T  E  K  T  Ú  R  W  E  M  I
S  A  M  S  E  T  N  I  N  G  U  I  Y  F
S  K  R  Á  N  I  N  G  U  G  D  R  N  T
L  I  S  T  A  M  A  Ð  U  R  D  R  D  P
```

ARKITEKTÚR	MEISTARAVERK
LISTAMAÐUR	MÁLVERK
KERAMIK	PENNI
KRÍT	BLÝANTUR
KOL	SJÓNARHORNI
LEIR	LJÓSMYND
SAMSETNINGU	PORTRET
SKRÁNINGU	HÖGGMYND
GLÆSLA	VAX
KVIKMYND	

88 - Plants

```
B  U  Þ  G  B  B  U  S  H  W  F  A  Þ  Á
A  H  T  R  Y  L  H  M  O  S  S  G  Ð  B
M  H  Y  A  K  R  Ó  N  U  B  L  A  Ð  U
B  U  A  S  A  Ó  U  M  F  L  O  R  A  R
U  W  M  A  K  T  A  Q  F  I  B  Ð  Y  Ð
S  D  Ð  F  T  F  C  B  A  V  Z  U  O  U
J  P  B  R  U  U  B  T  Q  Y  B  R  W  R
T  G  E  Æ  S  K  P  S  T  I  L  K  U  R
R  R  R  Ð  K  Þ  Y  N  Y  L  P  Q  Þ  L
R  Ó  É  I  Ó  G  B  A  U  N  R  V  Z  C
N  Ð  L  M  G  U  R  X  F  C  Y  U  I  P
Z  U  X  R  U  Þ  N  A  D  T  J  G  V  V
A  R  P  K  R  T  X  Y  S  D  Þ  N  F  U
Q  I  M  H  E  Ð  V  T  K  Z  R  C  G  X
```

BAMBUS	SKÓGUR
BAUN	GARÐUR
BER	GRAS
GRASAFRÆÐI	IVY
BUSH	MOSS
KAKTUS	KRÓNUBLAÐ
ÁBURÐUR	RÓT
FLORA	STILKUR
BLÓM	TRÉ
SM	GRÓÐUR

89 - Countries #2

```
Ú  P  H  D  A  N  M  Ö  R  K  T  B  J  L
K  A  T  Ð  Þ  L  Í  B  E  R  Í  A  A  Í
R  K  I  H  N  S  B  L  A  O  S  R  P  B
A  I  Þ  E  Þ  Ý  H  A  I  D  E  Ú  A  A
Í  S  U  G  J  R  I  A  N  Z  A  S  N  N
N  T  K  J  Ð  L  O  R  Í  Í  K  S  U  O
A  A  E  D  C  A  N  L  N  T  A  L  A  N
E  N  Z  Q  X  N  Í  G  E  R  Í  A  S  J
D  Þ  Ð  S  Ú  D  A  N  P  L  I  N  P  A
T  I  Í  Ú  G  A  N  D  A  I  M  D  G  M
M  G  E  Ó  S  Ó  M  A  L  Í  A  B  Ð  A
C  W  Ð  Z  P  L  M  M  E  X  Í  K  Ó  Í
T  U  D  I  P  Í  C  T  T  Þ  S  D  O  K
G  R  I  K  K  L  A  N  D  R  B  B  D  A
```

ALBANÍA	MEXÍKÓ
DANMÖRK	NEPAL
EÞÍÓPÍA	NÍGERÍA
GRIKKLAND	PAKISTAN
HAÍTÍ	RÚSSLAND
JAMAÍKA	SÓMALÍA
JAPAN	SÚDAN
LAOS	SÝRLAND
LÍBANON	ÚGANDA
LÍBERÍA	ÚKRAÍNA

90 - Ecology

```
P  A  U  N  S  H  M  C  G  V  F  D  H  N
Þ  L  I  F  U  N  Q  D  R  E  J  Ý  I  Á
G  Þ  Ö  F  M  F  G  M  Ó  Ð  Ö  R  Ð  T
G  J  O  N  K  A  J  Q  Ð  U  L  A  Z  T
T  Ó  F  L  T  V  R  I  U  R  B  L  K  Ú
Þ  Ð  L  Ð  O  U  J  S  R  F  R  Í  S  R
T  L  V  E  R  L  R  J  H  A  E  F  A  A
D  E  B  B  R  V  F  Á  S  R  Y  A  M  N
V  G  G  F  J  Ö  L  L  J  H  T  C  F  J
M  T  M  U  I  O  O  F  Á  Y  N  S  É  B
P  N  A  Þ  N  C  R  B  V  X  I  M  L  Y
N  W  O  Þ  H  D  A  Æ  A  U  T  Ð  Ö  Þ
B  Ú  S  V  Æ  Ð  I  R  R  K  I  M  G  K
Þ  U  R  R  K  A  R  Q  F  N  Ð  U  B  F
```

VEÐURFAR	MARSH
SAMFÉLÖG	FJÖLL
FJÖLBREYTNI	NÁTTÚRAN
ÞURRKAR	PLÖNTUR
DÝRALÍF	TEGUND
FLORA	LIFUN
ALÞJÓÐLEGT	SJÁLFBÆR
BÚSVÆÐI	GRÓÐUR
SJÁVAR	

91 - Adjectives #2

```
D  S  S  L  Á  Þ  S  S  T  O  L  T  U  R
P  R  K  E  H  U  A  T  X  V  Ý  N  S  H
F  U  A  R  U  R  L  E  R  I  S  F  Y  F
R  V  P  M  G  R  T  R  U  L  A  U  F  H
H  J  A  R  A  E  U  K  Q  L  N  P  J  I
U  R  N  Z  V  T  R  U  H  T  D  O  A  P
A  S  D  A  E  U  Í  R  E  E  I  R  Ð  L
X  W  I  D  R  X  G  S  Y  K  I  Z  U  G
B  R  N  Ý  T  T  A  G  K  I  T  T  R  L
N  Á  T  T  Ú  R  U  L  E  G  T  A  T  B
G  L  Æ  S  I  L  E  G  U  R  Y  T  O  R
F  R  Æ  G  U  R  N  Á  B  Y  R  G  U  R
H  E  I  L  B  R  I  G  Ð  U  R  U  Z  Ð
J  I  D  X  Q  B  S  V  A  N  G  U  R  U
```

EKTA   ÁHUGAVERT
SKAPANDI   NÁTTÚRULEGT
LÝSANDI   NÝTT
DRAMATÍSK   STOLTUR
ÞURR   ÁBYRGUR
GLÆSILEGUR   SALTUR
FRÆGUR   SYFJAÐUR
HEILBRIGÐUR   STERKUR
HEITT   VILLT
SVANGUR

92 - Math

```
R  S  A  M  H  V  E  R  F  U  D  W  E  Þ
M  Ú  P  Y  X  P  F  D  J  A  F  N  A  R
S  A  M  U  R  H  W  E  Y  L  A  Ð  D  Í
A  B  R  F  E  R  N  I  N  G  U  R  I  H
M  R  X  G  R  P  E  L  Y  P  K  T  R  Y
H  O  T  N  H  Æ  E  D  Ð  J  A  Ð  A  R
L  T  V  Ð  O  Y  Ð  S  I  E  S  T  D  N
I  S  M  U  R  I  R  I  A  R  T  E  Í  I
Ð  U  R  U  N  L  Q  N  I  Y  A  L  U  N
A  G  M  T  Ö  L  U  R  I  M  F  O  S  G
Ð  L  H  M  D  Þ  Þ  Þ  N  N  L  Ð  G  U
F  M  K  V  Á  R  B  R  N  F  G  H  Þ  R
Þ  M  Ð  W  N  L  Þ  V  E  R  M  Á  L  Ð
H  J  Á  L  Í  Ð  A  L  O  G  R  A  M  K
```

HORN	SAMHLIÐA
TÖLUR	HJÁLÍÐALOGRAM
UMMÁL	JAÐAR
AUKASTAF	MARGHYRNING
ÞVERMÁL	RADÍUS
DEILD	FERNINGUR
JAFNA	SAMHVERFU
BROT	ÞRÍHYRNINGUR
RÚMFRÆÐI	

93 - Water

```
Ð  B  R  V  Z  V  L  S  T  U  R  T  U  Í
F  R  O  S  T  M  O  N  S  Ú  N  B  O  S
Z  L  D  R  Y  K  K  J  A  R  H  Æ  F  T
B  T  Ó  M  I  V  G  Ó  U  B  A  F  L  P
F  D  V  Ð  Á  C  F  R  N  E  P  K  J  B
C  E  H  Q  V  L  E  I  N  C  P  B  I  Z
I  L  A  K  E  Þ  L  G  B  T  D  X  Q  V
G  U  F  U  I  T  L  C  E  L  P  T  C  R
M  U  A  R  T  N  I  X  F  Y  O  G  I  I
Ö  K  H  Ð  U  X  B  Z  C  P  S  Q  V  G
L  P  S  Z  Q  Ð  Y  Y  V  J  Í  I  A  N
D  S  M  Ð  T  N  L  I  K  D  K  X  R  I
U  P  P  G  U  F  U  N  B  L  U  Q  A  N
R  Ö  K  U  M  J  R  I  V  E  R  T  Þ  G
```

SÍKUR	ÁVEITU
RÖKUM	LAKE
DRYKKJARHÆFT	MONSÚN
UPPGUFUN	HAF
FLÓÐ	RIGNING
FROST	RIVER
GEYSIR	STURTU
RAKI	SNJÓR
FELLIBYLUR	GUFU
ÍS	ÖLDUR

94 - Activities

```
G Á T L E S T U R V J G H K
Ö H Í J N Q A D A N S A A E
N U M Ó V C Ð U G T G R N R
G G I S I Ð J E M Þ A Ð D A
U A S M R Y R I W A L Y V M
F M T Y K V E I Ð I D R E I
E Á P N N G Á U U F U K R K
R L C D I Y N N Y D R J K R
Ð E R U Ú R K S Æ V I A B Q
I I W N T Z O A L G E Þ U B
R K E H J F B G I T J I U K
Z I S H Æ F N I S F Q A Ð F
S R K F Ð Z E D T T S K K A
B A Z F A S L Ö K U N K I N
```

VIRKNI
LIST
ÚTJÆÐA
KERAMIK
HANDVERK
DANSA
VEIÐI
LEIKIR
GARÐYRKJA
GÖNGUFERÐIR

VEIÐA
ÁHUGAMÁL
TÍMIST
GALDUR
LJÓSMYNDUN
ÁNÆGJA
LESTUR
SLÖKUN
SAUMA
HÆFNI

95 - Literature

```
L E Q F H L L X Æ S N M L H
Ý O A X Z J Í M V K I Y J M
S R Í M O Ó K M I Á Ð N Ó M
I Ö Ð D B Ð I A S L U D Ð S
N G G T K R N W A D R L R K
G M R U N Æ G T G S S Í Þ Á
Þ K Þ E M N A H A A T K U L
M A E O I A R Ö Z G A I Z D
S G M Z V N Ð F C A Ð N T S
T N A H W T I U I D A G A K
Í X L A C Þ Q N R C D X K A
L Z M X A Ð F D G P I T T P
J U I G X H O U M R Æ Ð U U
S A M A N B U R Ð U R A R R
```

LÍKINGAR   MYNDLÍKING
GREINING   SÖGUMAÐUR
E.   SKÁLDSAGA
HÖFUNDUR   LJÓÐ
ÆVISAGA   LJÓÐRÆN
SAMANBURÐUR   RÍM
NIÐURSTAÐA   TAKTUR
LÝSING   STÍL
UMRÆÐU   ÞEMA
SKÁLDSKAPUR

96 - Geography

```
N  M  M  H  O  Z  E  A  B  R  E  I  D  D
L  B  E  A  Q  V  Y  C  T  K  J  E  G  J
K  O  R  T  W  R  J  D  U  L  A  N  D  O
T  R  I  V  E  R  A  V  F  I  A  U  W  V
S  G  D  D  Á  L  F  U  N  N  I  S  J  Ó
Y  F  I  R  R  Á  Ð  A  S  V  Æ  Ð  I  S
J  Z  A  F  H  H  E  I  M  U  R  W  O  E
G  B  N  V  J  A  R  Ð  A  R  F  Q  U  B
A  W  F  X  E  A  Z  F  Q  R  N  Ð  B  Y
Ð  N  H  Þ  E  S  L  N  V  S  O  D  L  U
S  V  Æ  Ð  I  N  T  L  X  H  Þ  Q  H  E
S  U  Ð  U  R  B  P  U  T  D  Þ  P  M  O
N  O  R  Ð  U  R  Z  E  R  H  A  F  G  M
E  Z  T  O  P  F  U  T  U  U  D  O  E  B
```

HÆÐ	FJALL
ATLAS	NORÐUR
BORG	HAF
ÁLFUNNI	SVÆÐI
LAND	RIVER
JARÐAR	SJÓ
EYJA	SUÐUR
BREIDD	YFIRRÁÐASVÆÐI
KORT	VESTUR
MERIDIAN	HEIMUR

97 - Pets

```
S  S  H  K  K  P  Q  K  K  H  Þ  N  Y  G
K  Ð  U  H  E  Á  E  Ð  L  A  A  F  U  E
J  R  N  V  T  F  M  Q  T  Æ  D  L  Þ  I
A  Þ  D  O  T  A  M  S  Ð  D  R  F  I  T
L  S  U  L  L  G  V  X  Z  Ý  M  A  H  T
D  K  R  P  I  A  A  G  K  R  A  G  A  A
B  D  Ý  U  N  U  T  Q  Ö  A  T  Z  M  U
A  T  D  R  G  K  N  W  T  L  U  N  S  M
K  P  M  X  U  U  N  O  T  Æ  R  P  T  U
A  D  Ú  F  R  R  R  J  U  K  J  O  U  R
F  I  S  K  U  R  J  C  R  N  K  D  R  E
Z  T  G  J  I  D  V  A  Q  I  O  N  Þ  F
Ð  S  N  N  J  J  E  A  Q  R  V  Q  X  T
K  A  N  Í  N  A  H  J  V  B  H  H  Z  Y
```

KÖTTUR   TAUMUR
KLÆR   EÐLA
KRAGA   MÚS
KÝR   PÁFAGAUKUR
HUNDUR   HVOLPUR
FISKUR   KANÍNA
MATUR   HALI
GEIT   SKJALDBAKA
HAMSTUR   DÝRALÆKNIR
KETTLINGUR   VATN

98 - Nature

```
Ð  Þ  F  I  J  F  S  O  Q  F  U  S  V  H
O  V  S  E  R  E  N  E  Q  R  P  M  C  E
Z  I  S  S  G  T  R  O  P  I  C  A  L  L
Þ  S  K  Ó  G  U  R  E  R  Ð  J  L  A  G
O  S  Ý  G  D  Ý  R  O  H  S  Ö  Í  R  I
K  L  E  T  T  A  R  Ð  F  Æ  K  F  K  D
A  B  Ý  F  L  U  G  U  R  L  U  L  T  Ó
H  T  G  Þ  V  Q  U  G  R  T  L  E  Í  M
N  P  E  K  X  J  R  V  K  Ð  L  G  S  U
Z  S  P  A  X  N  V  I  L  L  T  T  K  R
E  Y  Ð  I  M  Ö  R  K  V  I  K  B  U  W
Þ  L  Ð  Z  K  F  Þ  A  U  E  I  K  R  Þ
B  Z  Z  S  P  X  J  M  B  K  R  O  D  T
X  S  R  Þ  R  M  M  Z  R  T  R  Ð  R  V
```

DÝR
ARKTÍSKUR
FEGURÐ
BÝFLUGUR
KLETTAR
SKÝ
EYÐIMÖRK
KVIK
ROF
ÞOKA

SM
SKÓGUR
JÖKULL
FRIÐSÆLT
RIVER
HELGIDÓMUR
SERENE
TROPICAL
LÍFLEGT
VILLT

99 - Championship

```
L  F  I  C  U  E  Ð  S  W  M  Ó  T  J  Ú
E  R  L  K  L  S  X  X  T  O  R  L  K  R
I  A  D  Ó  M  A  R  I  D  E  Ð  A  U  S
K  M  E  Ú  E  D  H  Þ  Þ  T  F  L  Ð  L
I  M  I  R  I  M  V  J  R  X  Þ  N  I  I
R  I  L  S  S  E  A  Á  E  H  D  Q  U  T
D  S  D  L  T  D  L  K  S  V  I  T  I
Y  T  B  I  A  A  N  F  I  S  M  B  Q  S
Z  A  Z  T  R  L  I  A  N  Ð  M  W  I  H
H  Ð  Z  A  I  Í  N  R  S  I  G  U  R  T
N  A  X  W  O  A  G  I  Ð  O  U  F  K  I
D  J  T  K  F  U  V  J  R  A  Þ  B  T  W
Í  Þ  R  Ó  T  T  I  R  A  E  D  R  Ð  D
C  H  Þ  X  J  U  W  F  E  W  C  Þ  U  C
```

MEISTARI	HVATNING
ÚRSLITA	FRAMMISTAÐA
ÞJÁLFARI	SVITI
ÞREK	ÍÞRÓTTIR
ÚRSLIT	STEFNU
LEIKIR	LIÐ
DÓMARI	MÓT
DEILD	SIGUR
MEDALÍA	

100 - Vacation #2

```
F  Ú  Y  Ð  Ð  X  K  F  J  Ö  L  L  G  V
L  T  V  C  Y  V  O  G  Ð  M  K  L  O  E
U  L  D  R  N  E  R  U  C  T  R  Þ  F  G
G  E  Q  Þ  X  P  T  N  Ð  K  U  U  O  A
V  N  L  J  P  F  M  Y  N  D  I  R  G  B
Ö  D  E  Z  B  J  Y  N  T  Z  D  F  F  R
L  I  S  O  G  A  Z  N  X  I  J  B  E  É
L  N  T  F  E  R  L  E  N  D  U  M  R  F
U  G  Ú  Í  R  A  S  E  Y  J  A  M  Ð  T
R  U  T  G  M  Í  T  U  A  H  Ó  T  E  L
I  R  J  Q  T  I  X  Ð  K  B  L  Þ  Y  Þ
G  T  Æ  G  A  V  S  S  P  V  R  A  Z  K
N  X  Ð  L  X  E  J  T  J  A  L  D  Q  C
K  H  A  V  I  N  M  E  D  Ó  L  Ð  M  P
```

FLUGVÖLLUR	TÍMIST
FJARA	KORT
ÚTJÆÐA	FJÖLL
ERLENDUM	VEGABRÉF
ÚTLENDINGUR	MYNDIR
FRÍ	SJÓ
HÓTEL	TAXI
EYJA	TJALD
FERÐ	LEST

1 - Food #1

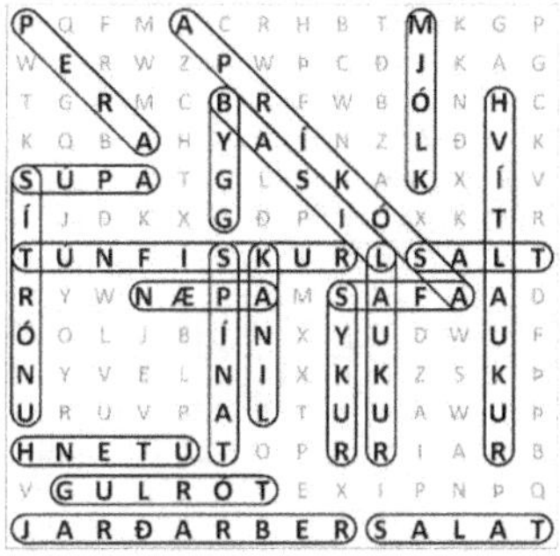

2 - Castles

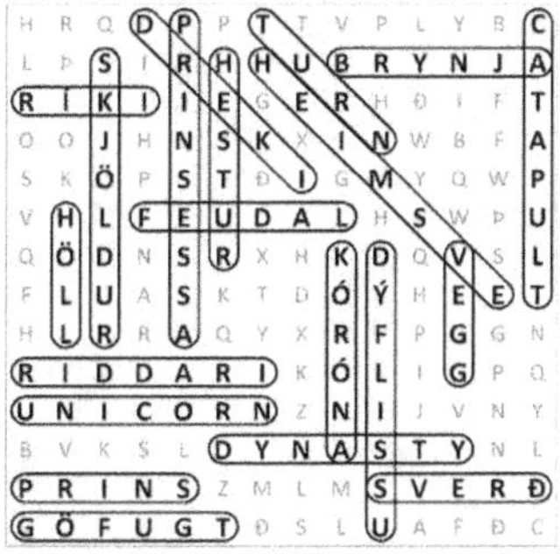

3 - Exploration

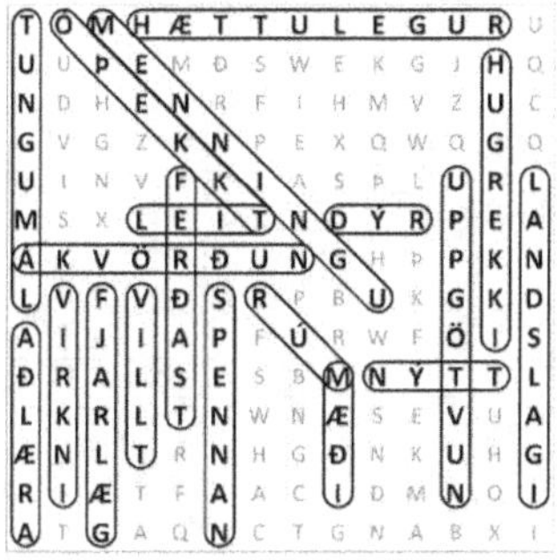

4 - Measurements

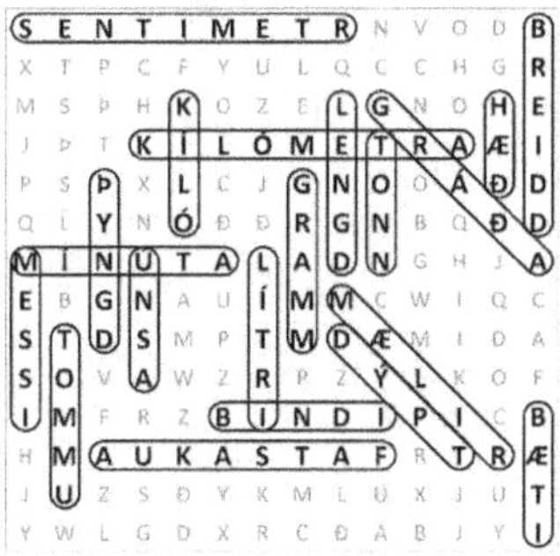

5 - Farm #2

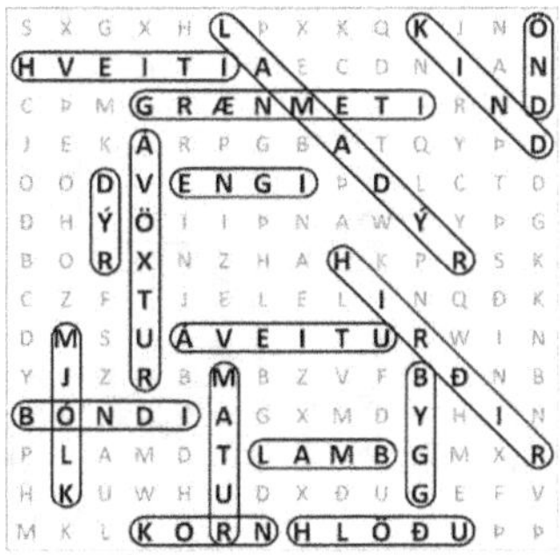

6 - Books

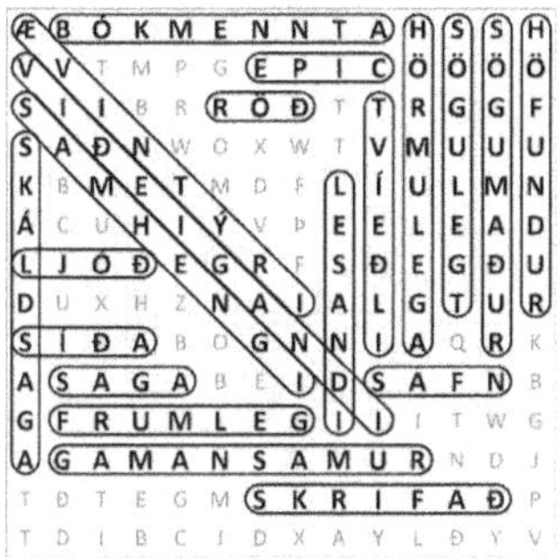

7 - Meditation

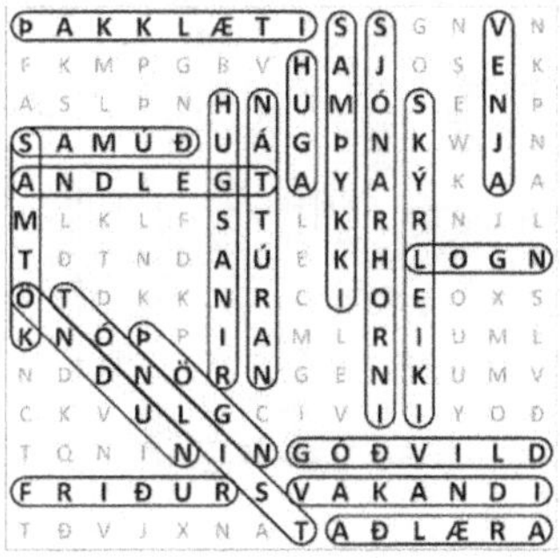

8 - Days and Months

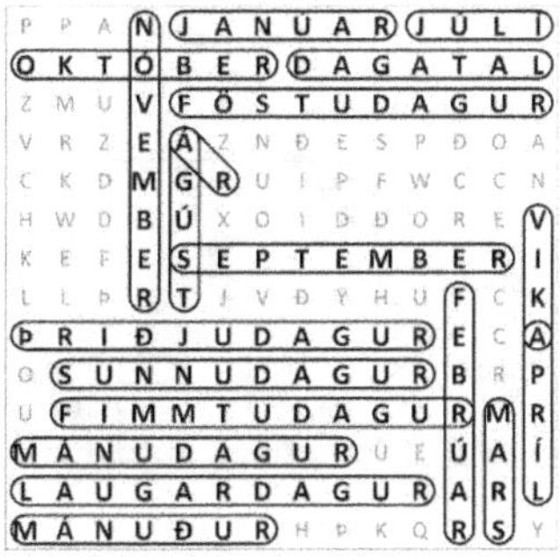

9 - Chess

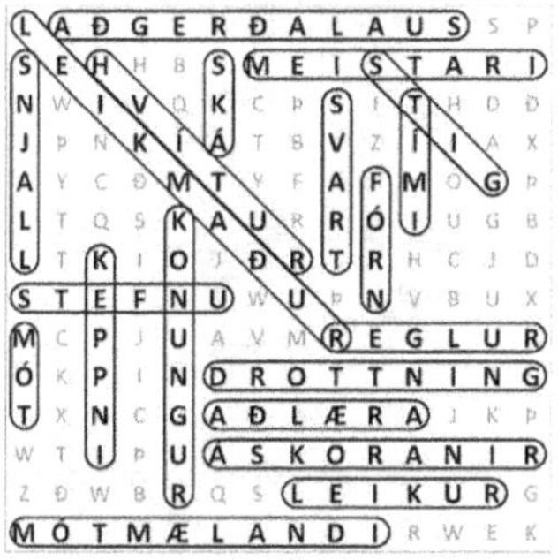

10 - Food #2

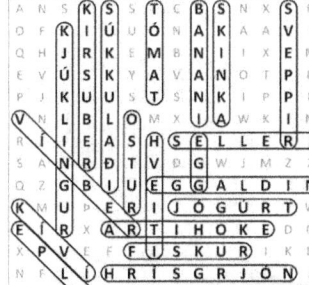

11 - Family

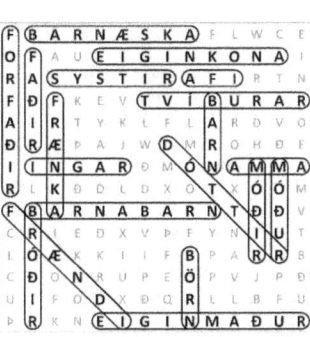

12 - Farm #1

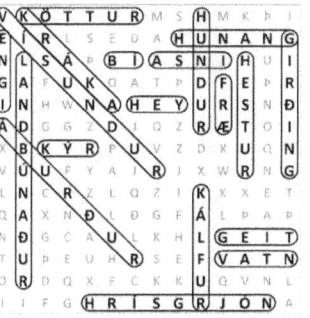

13 - Camping
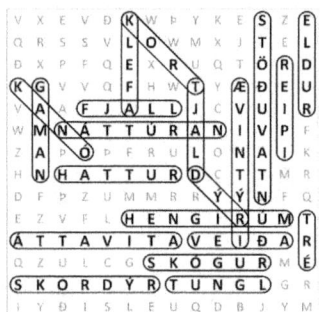

14 - Conservation

15 - Cats
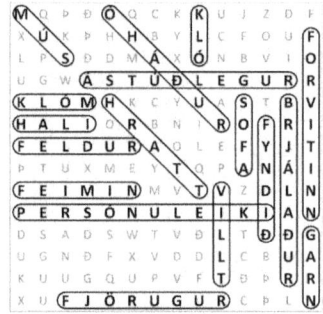

16 - Numbers
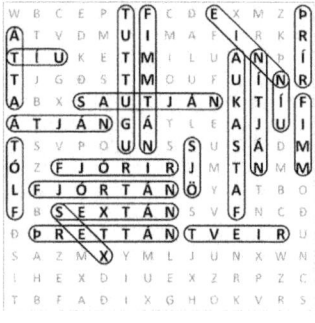

17 - Spices
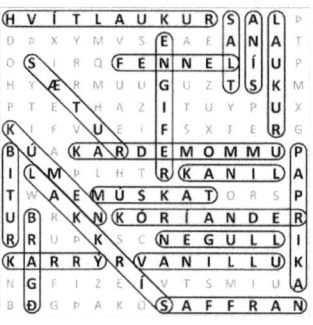

18 - Mammals
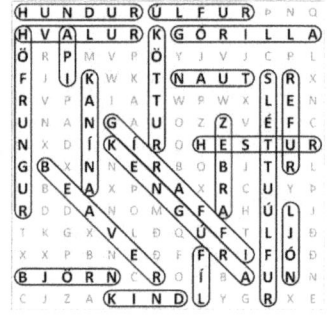

19 - Fishing
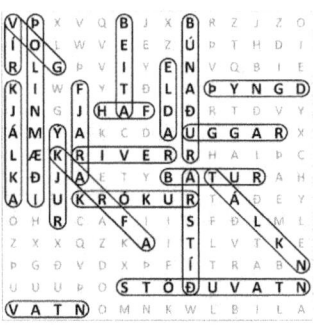

20 - Restaurant #1
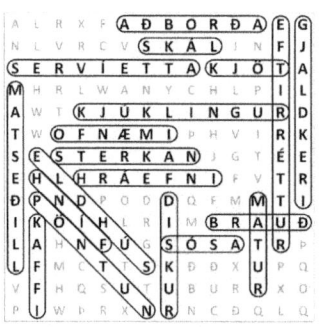

21 - Bees
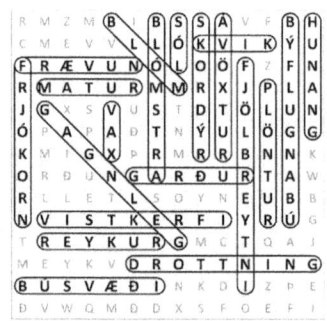

22 - Sports
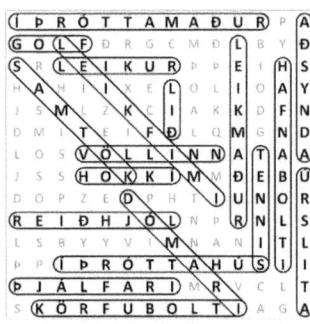

23 - Weather
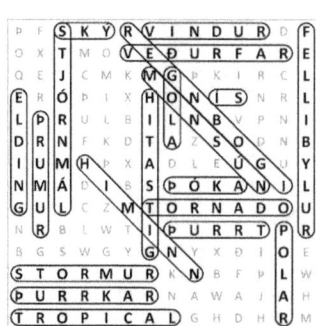

24 - Adventure
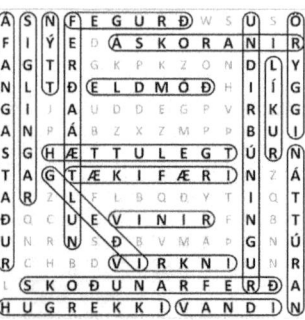

25 - Circus

26 - Tools

27 - Restaurant #2

28 - Geology

29 - House

30 - School #1

31 - Dance

32 - Colors

33 - Climbing

34 - Shapes

35 - Scientific Disciplines

36 - School #2

37 - Science

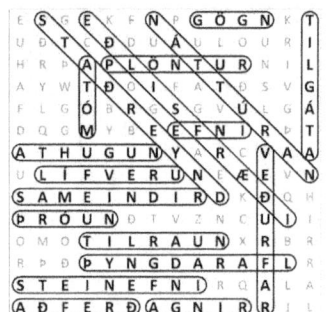

38 - To Fill

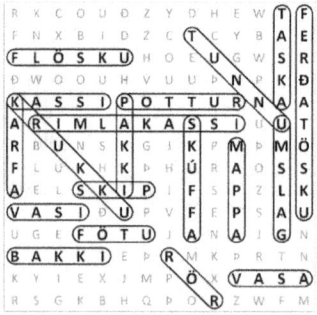

39 - Summer

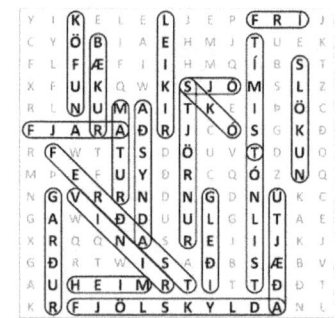

40 - Clothes

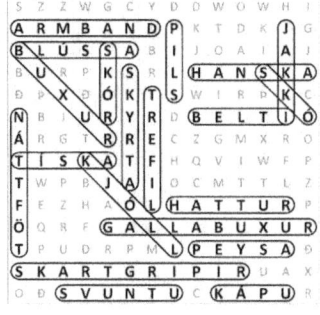

41 - Insects

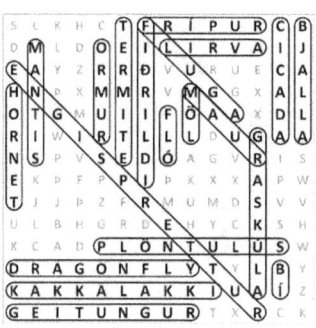

42 - Astronomy

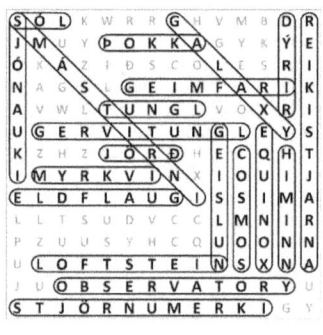

43 - Pirates

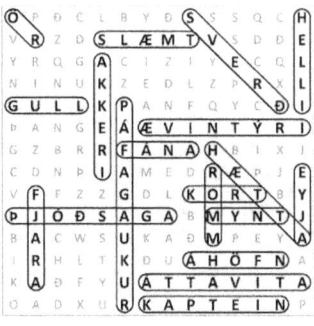

44 - Time

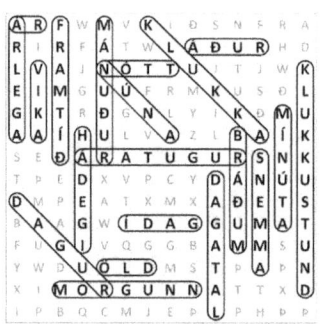

45 - Buildings

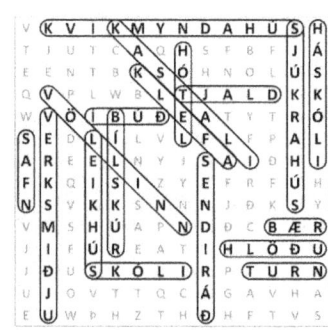

46 - Herbalism

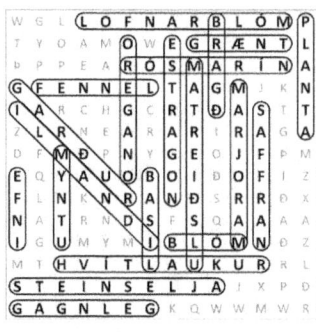

47 - Toys

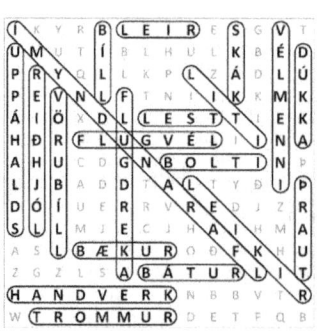

48 - Vehicles

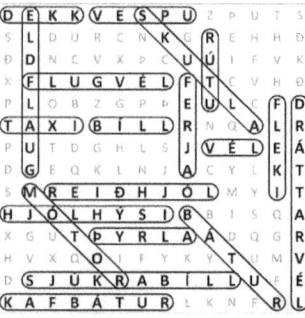

49 - Flowers

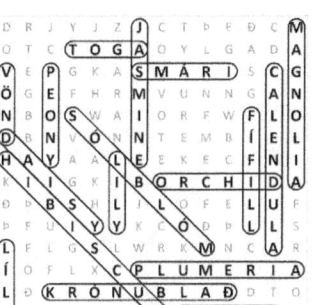

50 - Town

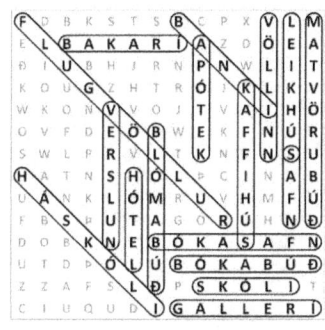

51 - Antarctica

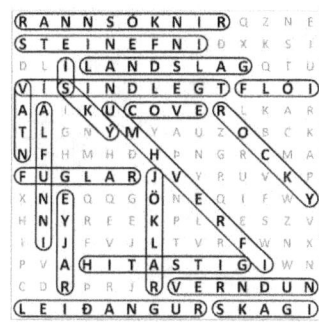

52 - Ballet

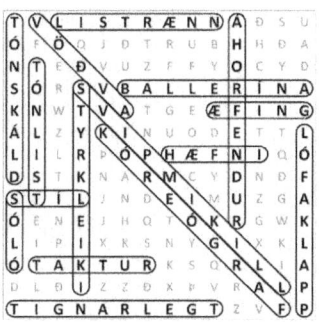

53 - Human Body

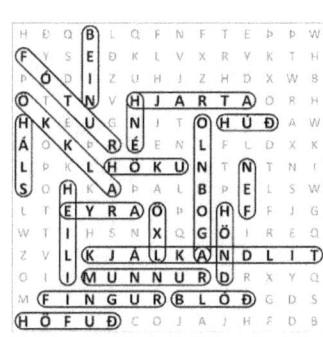

54 - Musical Instruments

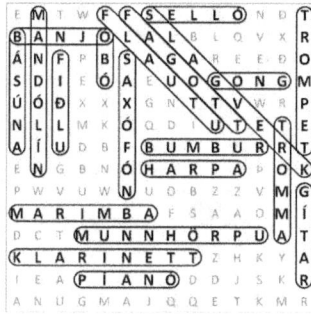

55 - Fruit

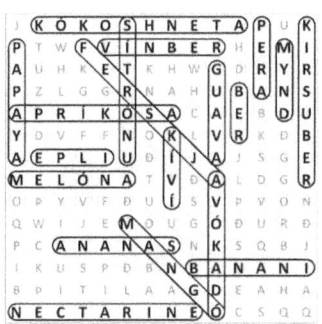

56 - Virtues #1

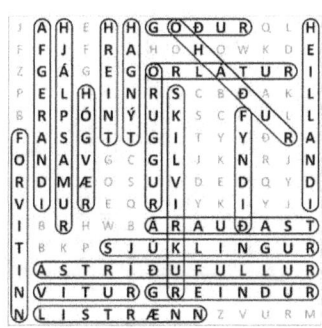

57 - Kitchen

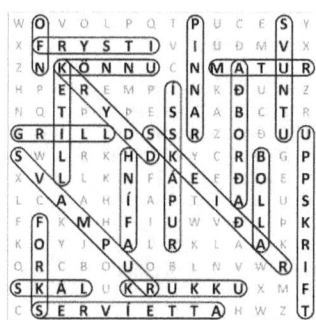

58 - Art Supplies

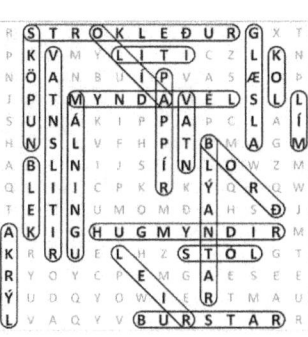

59 - Science Fiction

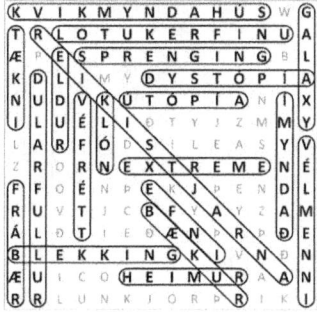

60 - Airplanes

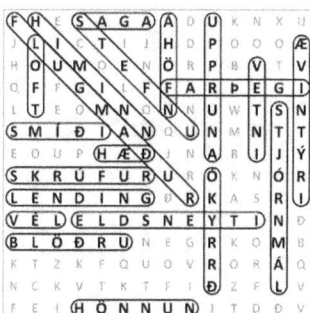

61 - Ocean

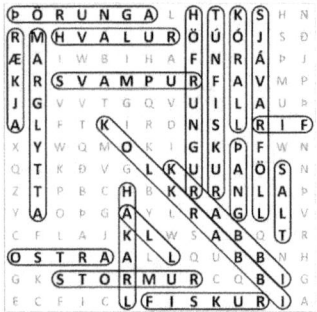

62 - Birds

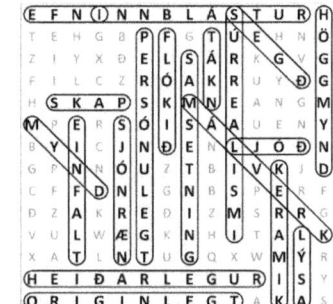

63 - Art

64 - Nutrition

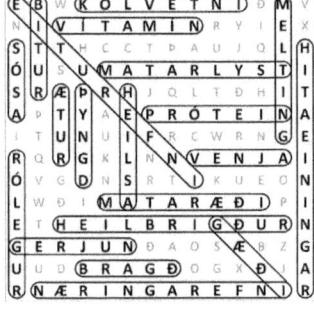

65 - Hiking

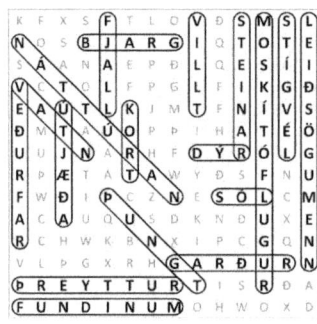

66 - Professions #1

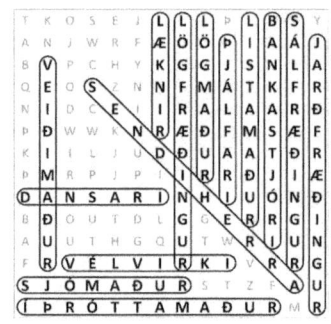

67 - Dinosaurs

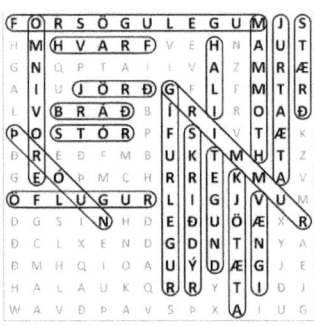

68 - Barbecues

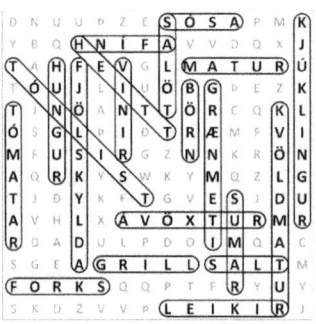

69 - Surfing

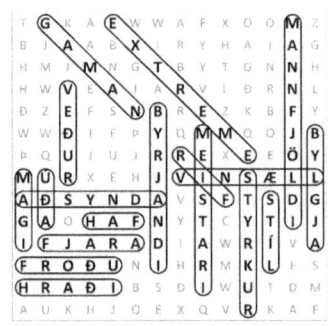

70 - Chocolate

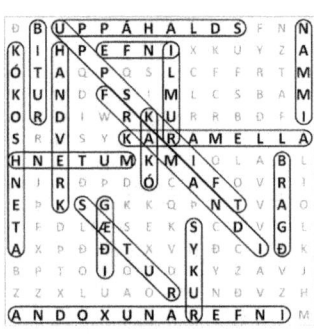

71 - Vegetables

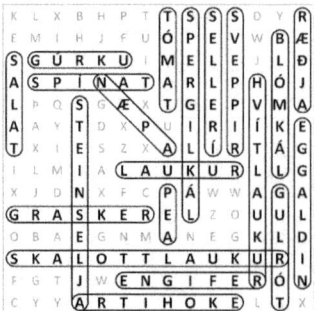

72 - Boats

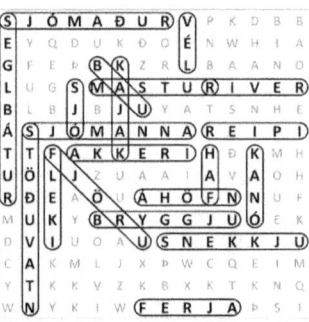

73 - Activities and Leisure

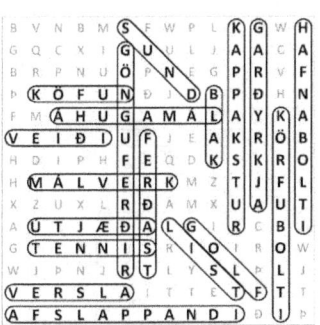

74 - Driving

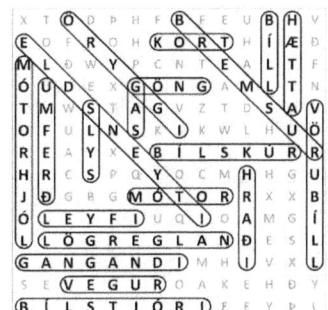

75 - Professions #2

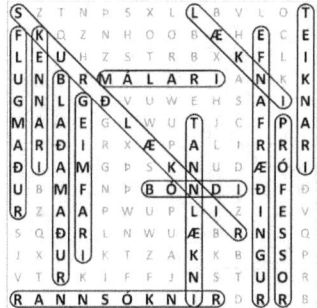

76 - Emotions

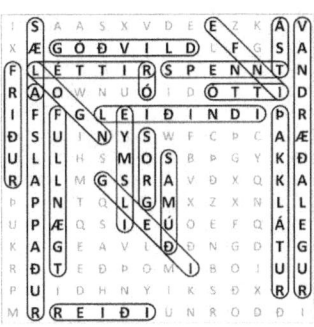

77 - Mythology

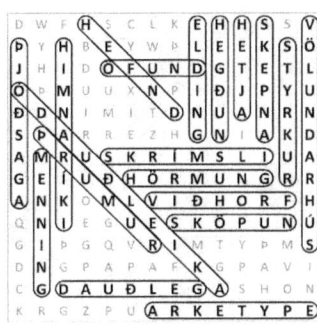

78 - Hair Types

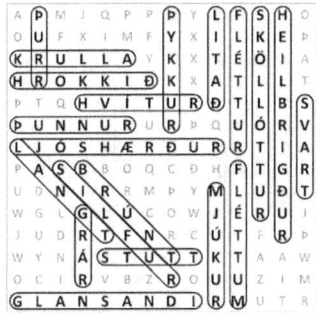

79 - Furniture

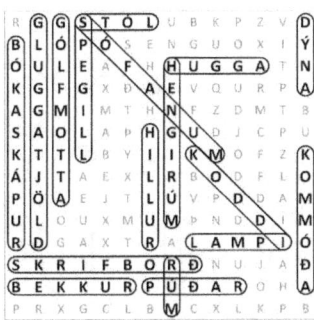

80 - Garden

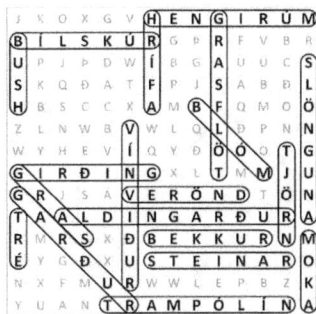

81 - Birthday

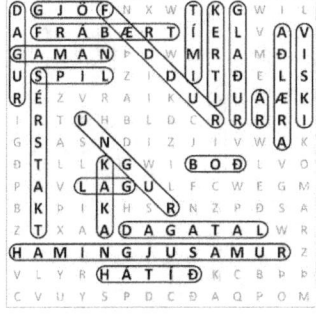

82 - Beach

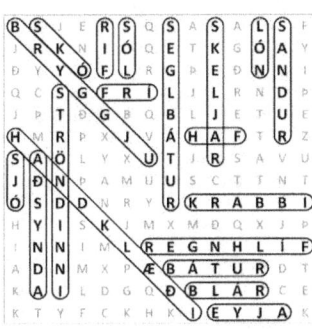

83 - Adjectives #1

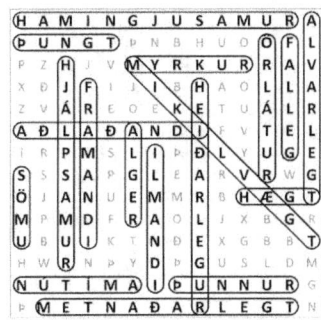

84 - Rainforest

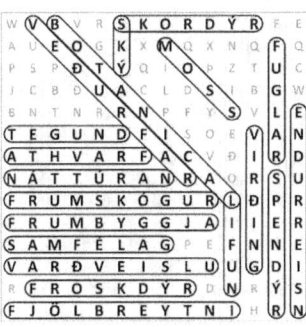

85 - Technology

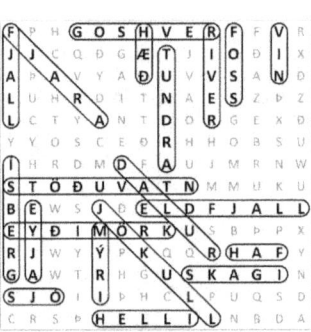

86 - Landscapes

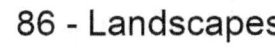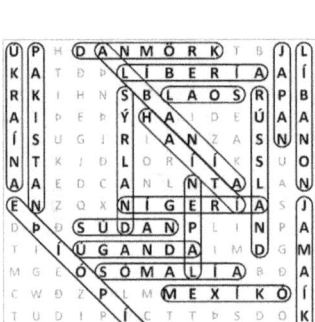

87 - Visual Arts

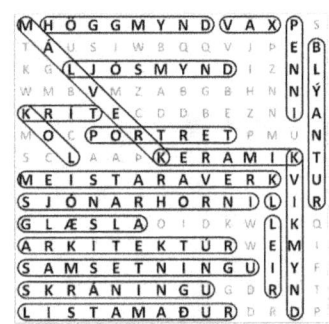

88 - Plants

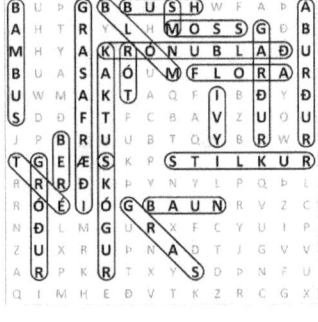

89 - Countries #2

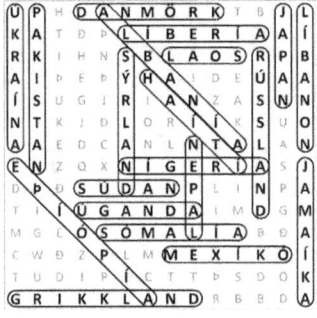

90 - Ecology

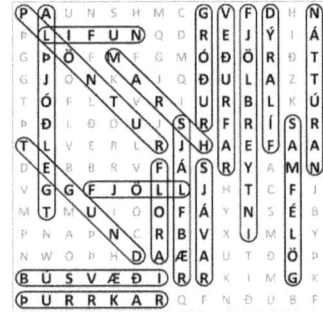

91 - Adjectives #2

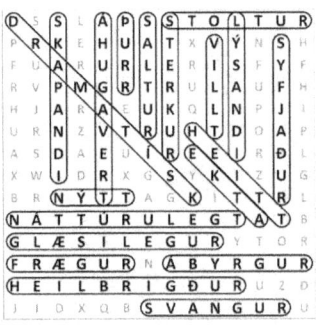

92 - Math

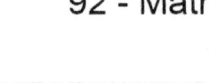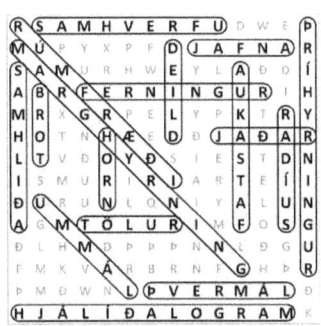

93 - Water

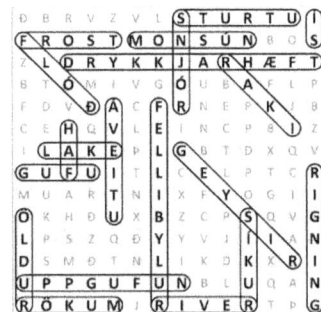

94 - Activities

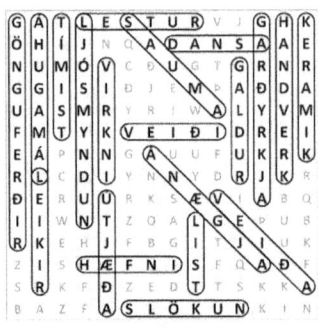

95 - Literature

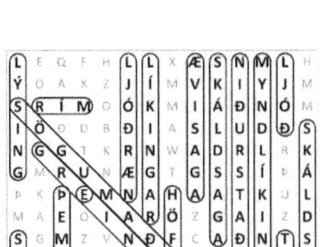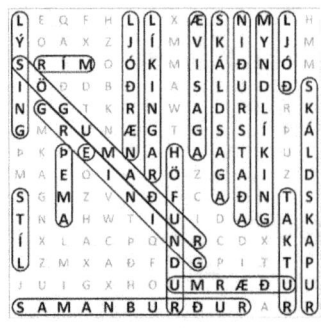

96 - Geography

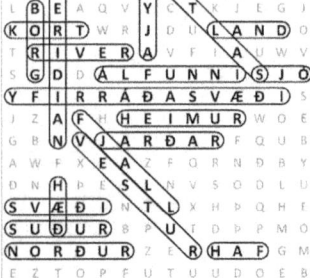

97 - Pets

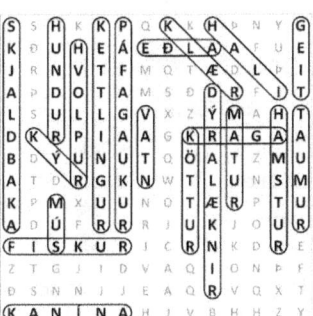

98 - Nature

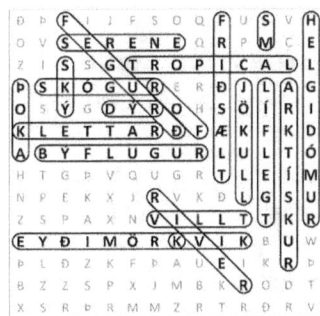

99 - Championship

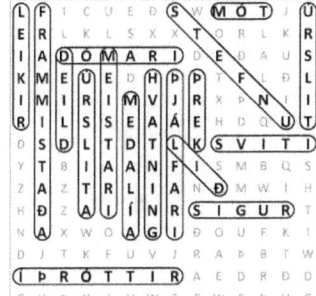

100 - Vacation #2

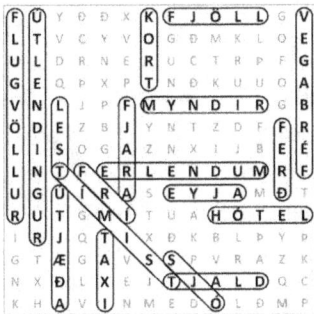

Dictionary

Activities
Starfsemi

Activity	Virkni
Art	List
Camping	Útjæða
Ceramics	Keramik
Crafts	Handverk
Dancing	Dansa
Fishing	Veiði
Games	Leikir
Gardening	Garðyrkja
Hiking	Gönguferðir
Hunting	Veiða
Interests	Áhugamál
Leisure	Tímist
Magic	Galdur
Photography	Ljósmyndun
Pleasure	Ánægja
Reading	Lestur
Relaxation	Slökun
Sewing	Sauma
Skill	Hæfni

Activities and Leisure
Starfsemi og Tómstundir

Art	List
Baseball	Hafnabolti
Basketball	Körfubolti
Boxing	Hnefaleikar
Camping	Útjæða
Diving	Köfun
Fishing	Veiði
Gardening	Garðyrkja
Golf	Golf
Hiking	Gönguferðir
Hobbies	Áhugamál
Painting	Málverk
Racing	Kappakstur
Relaxing	Afslappandi
Shopping	Versla
Soccer	Fótbolti
Swimming	Sund
Tennis	Tennis
Travel	Ferðast
Volleyball	Blak

Adjectives #1
Lýsingarorð #1

Absolute	Alger
Ambitious	Metnaðarlegt
Aromatic	Ilmandi
Artistic	Listrænn
Attractive	Aðlaðandi
Beautiful	Falleg
Dark	Myrkur
Exotic	Framandi
Generous	Örlátur
Happy	Hamingjusamur
Heavy	Þungt
Helpful	Hjálpsamur
Honest	Heiðarlegur
Identical	Sömu
Important	Mikilvægt
Modern	Nútíma
Serious	Alvarlegt
Slow	Hægt
Thin	Þunnur
Valuable	Dýrmætur

Adjectives #2
Lýsingarorð #2

Authentic	Ekta
Creative	Skapandi
Descriptive	Lýsandi
Dramatic	Dramatísk
Dry	Þurr
Elegant	Glæsilegur
Famous	Frægur
Healthy	Heilbrigður
Hot	Heitt
Hungry	Svangur
Interesting	Áhugavert
Natural	Náttúrulegt
New	Nýtt
Productive	Afkastamikill
Proud	Stoltur
Responsible	Ábyrgur
Salty	Saltur
Sleepy	Syfjaður
Strong	Sterkur
Wild	Villt

Adventure
Ævintýri

Activity	Virkni
Beauty	Fegurð
Bravery	Hugrekki
Challenges	Áskoranir
Chance	Líkur
Dangerous	Hættulegt
Destination	Áfangastaður
Difficulty	Vandi
Enthusiasm	Eldmóð
Excursion	Skoðunarferð
Friends	Vinir
Itinerary	Ferðaáætlun
Joy	Gleði
Nature	Náttúran
Navigation	Siglingar
New	Nýtt
Opportunity	Tækifæri
Preparation	Undirbúningur
Safety	Öryggi
Unusual	Óvenjulegt

Airplanes
Flugvélar

Adventure	Ævintýri
Air	Loft
Atmosphere	Stjórnmál
Balloon	Blöðru
Construction	Smíði
Crew	Áhöfn
Descent	Uppruna
Design	Hönnun
Direction	Stefnu
Engine	Vél
Fuel	Eldsneyti
Height	Hæð
History	Saga
Hydrogen	Vetni
Landing	Lending
Passenger	Farþegi
Pilot	Flugmaður
Propellers	Skrúfur
Sky	Himinn
Turbulence	Ókyrrð

Antarctica
Suðurskautslandið

Bay	Flói
Birds	Fuglar
Clouds	Ský
Conservation	Verndun
Continent	Álfunni
Cove	Cove
Environment	Umhverfi
Expedition	Leiðangur
Geography	Landafræði
Glaciers	Jöklar
Ice	Ís
Islands	Eyjar
Minerals	Steinefni
Peninsula	Skagi
Researcher	Rannsóknir
Rocky	Rocky
Scientific	Vísindlegt
Temperature	Hitastig
Topography	Landslag
Water	Vatn

Art
List

Ceramic	Keramik
Complex	Flókið
Composition	Samsetning
Expression	Segð
Figure	Mynd
Honest	Heiðarlegur
Inspired	Innblástur
Mood	Skap
Original	Originlegt
Paintings	Málverk
Personal	Persónulegt
Poetry	Ljóð
Portray	Lýsa
Sculpture	Höggmynd
Simple	Einfalt
Subject	Efni
Surrealism	Súrrealismi
Symbol	Tákn
Visual	Sjónræn

Art Supplies
List Vistir

Acrylic	Akrýl
Brushes	Burstar
Camera	Myndavél
Chair	Stól
Charcoal	Kol
Clay	Leir
Colors	Liti
Creativity	Sköpun
Easel	Glæsla
Eraser	Strokleður
Glue	Lím
Ideas	Hugmyndir
Ink	Blek
Oil	Olía
Paints	Málningu
Paper	Pappír
Pencils	Blýantar
Table	Borð
Water	Vatn
Watercolors	Vatnslitir

Astronomy
Stjörnufræði

Asteroid	Smástirni
Astronaut	Geimfari
Constellation	Stjörnumerki
Cosmos	Cosmos
Earth	Jörð
Eclipse	Myrkvi
Equinox	Equinox
Galaxy	Galaxy
Meteor	Loftstein
Moon	Tungl
Nebula	Þokka
Observatory	Observatory
Planet	Reikistjarna
Radiation	Geislun
Rocket	Eldflaug
Satellite	Gervitungl
Sky	Himinn
Solar	Sól
Telescope	Sjónauki
Zodiac	Dýrir

Ballet
Ballett

Applause	Lófaklapp
Artistic	Listrænn
Audience	Áhorfendur
Ballerina	Ballerína
Choreography	Kóreógraf
Composer	Tónskáld
Dancers	Dansarar
Expressive	Svipmikill
Gesture	Látbragð
Graceful	Tignarlegt
Intensity	Styrkleiki
Muscles	Vöðva
Music	Tónlist
Orchestra	Hljómsveit
Practice	Æfing
Rhythm	Taktur
Skill	Hæfni
Solo	Sóló
Style	Stíl
Technique	Tækni

Barbecues
Grillveislur

Chicken	Kjúklingur
Children	Börn
Dinner	Kvöldmatur
Family	Fjölskylda
Food	Matur
Forks	Forks
Friends	Vinir
Fruit	Ávöxtur
Games	Leikir
Grill	Grill
Hot	Heitt
Hunger	Hungur
Knives	Hnífa
Music	Tónlist
Salads	Salöt
Salt	Salt
Sauce	Sósa
Summer	Sumar
Tomatoes	Tómatar
Vegetables	Grænmeti

Beach
Strönd

Blue	Blár
Boat	Bátur
Coast	Ströndinni
Crab	Krabbi
Dock	Bryggju
Island	Eyja
Lagoon	Lón
Ocean	Haf
Reef	Rif
Sailboat	Seglbátur
Sand	Sandur
Sandals	Skó
Sea	Sjó
Shells	Skeljar
Sun	Sól
To Swim	Að Synda
Towel	Handklæði
Umbrella	Regnhlíf
Vacation	Frí

Bees
Býflugur

Beneficial	Gagnleg
Blossom	Blómstra
Diversity	Fjölbreytni
Ecosystem	Vistkerfi
Flowers	Blóm
Food	Matur
Fruit	Ávöxtur
Garden	Garður
Habitat	Búsvæði
Hive	Býflugnabú
Honey	Hunang
Insect	Skordýr
Plants	Plöntur
Pollen	Frjókorn
Pollinator	Frævun
Queen	Drottning
Smoke	Reykur
Sun	Sól
Swarm	Kvik
Wax	Vax

Birds
Fuglar

Canary	Kanarífugl
Chicken	Kjúklingur
Crow	Kráka
Cuckoo	Gaukur
Dove	Dúfa
Duck	Önd
Eagle	Örn
Egg	Egg
Flamingo	Flamingo
Goose	Gæs
Heron	Heron
Ostrich	Strútur
Parrot	Páfagaukur
Peacock	Peacock
Pelican	Pelican
Penguin	Mörgæs
Sparrow	Sparrow
Stork	Storkur
Swan	Svanur
Toucan	Toucan

Birthday
Afmælisdagur

Born	Fæddur
Cake	Kaka
Calendar	Dagatal
Candles	Kerti
Cards	Spil
Celebration	Hátíð
Day	Dagur
Fun	Gaman
Gift	Gjöf
Great	Frábært
Happy	Hamingjusamur
Invitations	Boð
Joyful	Glaður
Song	Lag
Special	Sérstakt
Time	Tími
To Learn	Að Læra
Wisdom	Viski
Year	Ár
Young	Ungur

Boats
Bátar

Anchor	Akkeri
Buoy	Bau
Canoe	Kanó
Crew	Áhöfn
Dock	Bryggju
Engine	Vél
Ferry	Ferja
Kayak	Kajak
Lake	Stöðuvatn
Mast	Mastur
Nautical	Sjómanna
Ocean	Haf
Raft	Fleki
River	River
Rope	Reipi
Sailboat	Seglbátur
Sailor	Sjómaður
Sea	Sjó
Tide	Fjöru
Yacht	Snekkju

Books
Bækur

Adventure	Ævintýri
Author	Höfundur
Collection	Safn
Context	Samhengi
Duality	Tvíeðli
Epic	Epic
Historical	Sögulegt
Humorous	Gamansamur
Inventive	Frumleg
Literary	Bókmennta
Narrator	Sögumaður
Novel	Skáldsaga
Page	Síða
Poem	Ljóð
Reader	Lesandi
Relevant	Viðeigandi
Series	Röð
Story	Saga
Tragic	Hörmulega
Written	Skrifað

Buildings
Byggingar

Apartment	Íbúð
Barn	Hlöðu
Cabin	Klefa
Castle	Kastali
Cinema	Kvikmyndahús
Embassy	Sendiráð
Factory	Verksmiðju
Farm	Bær
Garage	Bílskúr
Hospital	Sjúkrahús
Hotel	Hótel
Museum	Safn
Observatory	Observatory
School	Skóli
Stadium	Völlinn
Supermarket	Matvörubúð
Tent	Tjald
Theater	Leikhús
Tower	Turn
University	Háskóli

Camping
Tjaldstæði

Adventure	Ævintýri
Animals	Dýr
Cabin	Klefa
Canoe	Kanó
Compass	Áttavita
Fire	Eldur
Forest	Skógur
Fun	Gaman
Hammock	Hengirúm
Hat	Hattur
Hunting	Veiða
Insect	Skordýr
Lake	Stöðuvatn
Map	Kort
Moon	Tungl
Mountain	Fjall
Nature	Náttúran
Rope	Reipi
Tent	Tjald
Trees	Tré

Castles
Kastalar

Armor	Brynja
Catapult	Catapult
Crown	Kóróna
Dragon	Dreki
Dungeon	Dýflissu
Dynasty	Dynasty
Empire	Heimsve
Feudal	Feudal
Horse	Hestur
Kingdom	Ríki
Knight	Riddari
Noble	Göfugt
Palace	Höll
Prince	Prins
Princess	Prinsessa
Shield	Skjöldur
Sword	Sverð
Tower	Turn
Unicorn	Unicorn
Wall	Vegg

Cats
Kettir

Affectionate	Ástúðlegur
Claw	Kló
Crazy	Brjálaður
Curious	Forvitinn
Fast	Hratt
Funny	Fyndið
Fur	Feldur
Hunter	Veiðimaður
Independent	Óháður
Mouse	Mús
Paw	Klóm
Personality	Persónuleiki
Playful	Fjörugur
Shy	Feimin
Sleep	Sofa
Tail	Hali
Wild	Villt
Yarn	Garn

Championship
Meistaramót

Champion	Meistari
Championship	Úrslita
Coach	Þjálfari
Endurance	Þrek
Finalist	Úrslit
Games	Leikir
Judge	Dómari
League	Deild
Medal	Medalía
Motivation	Hvatning
Performance	Frammistaða
Perspiration	Sviti
Sports	Íþróttir
Strategy	Stefnu
Team	Lið
Tournament	Mót
Victory	Sigur

Chess
Skák

Black	Svart
Challenges	Áskoranir
Champion	Meistari
Clever	Snjall
Contest	Keppni
Diagonal	Ská
Game	Leikur
King	Konungur
Opponent	Mótmælandi
Passive	Aðgerðalaus
Player	Leikmaður
Points	Stig
Queen	Drottning
Rules	Reglur
Sacrifice	Fórn
Strategy	Stefnu
Time	Tími
To Learn	Að Læra
Tournament	Mót
White	Hvítur

Chocolate
Súkkulaði

Antioxidant	Andoxunarefni
Aroma	Ilmur
Artisanal	Handverk
Bitter	Bitur
Cacao	Kakó
Calories	Hitaeiningar
Candy	Nammi
Caramel	Karamella
Coconut	Kókoshneta
Delicious	Ljúffengur
Exotic	Framandi
Favorite	Uppáhalds
Ingredient	Efni
Peanuts	Hnetum
Quality	Gæði
Recipe	Uppskrift
Sugar	Sykur
Sweet	Sætur
Taste	Bragð
To Eat	Að Borða

Circus
Sirkus

Acrobat	Acrobat
Animals	Dýr
Balloons	Blöðrur
Candy	Nammi
Clown	Trúður
Costume	Búningur
Elephant	Fíl
Entertain	Skemmta
Juggler	Júgler
Lion	Ljón
Magic	Galdur
Magician	Töframaður
Monkey	Api
Music	Tónlist
Parade	Skrúðganga
Show	Sýna
Spectator	Áhorfandi
Tent	Tjald
Tiger	Tiger
Trick	Bragð

Climbing
Klifur

Altitude	Hæð
Atmosphere	Stjórnmál
Boots	Stígvél
Cave	Helli
Challenges	Áskoranir
Curiosity	Forvitni
Expert	Sérfræðingur
Gloves	Hanska
Guides	Leiðsögumenn
Helmet	Hjálmur
Hiking	Gönguferðir
Injury	Meiðslum
Map	Kort
Narrow	Þröngt
Physical	Líkamlegt
Stability	Stöðugleiki
Strength	Styrkur
Terrain	Landslagi
Training	Þjálfun

Clothes
Fötin

Apron	Svuntu
Belt	Belti
Blouse	Blússa
Bracelet	Armband
Coat	Kápu
Dress	Kjóll
Fashion	Tíska
Gloves	Hanska
Hat	Hattur
Jacket	Jakki
Jeans	Gallabuxur
Jewelry	Skartgripir
Pajamas	Náttföt
Pants	Buxur
Sandals	Skó
Scarf	Trefil
Shirt	Skyrta
Shoe	Skór
Skirt	Pils
Sweater	Peysa

Colors
Litir

Azure	Aftur
Beige	Beige
Black	Svart
Blue	Blár
Brown	Brúnt
Cyan	Blágrænn
Fuchsia	Fuchsia
Green	Grænt
Grey	Grár
Indigo	Indigo
Magenta	Magenta
Orange	Appelsína
Pink	Bleikur
Purple	Fjólublár
Red	Rauður
Sepia	Sepia
Violet	Fjóla
White	Hvítur
Yellow	Gulur

Conservation
Náttúruvernd

Changes	Breytingar
Chemicals	Efni
Climate	Veðurfar
Cycle	Hringrás
Ecosystem	Vistkerfi
Education	Menntun
Environmental	Umhverfis
Green	Grænt
Habitat	Búsvæði
Health	Heilsa
Natural	Náttúrulegt
Organic	Lífrænt
Pesticide	Varneiri
Pollution	Mengun
Recycle	Endurvinna
Reduce	Minnka
Sustainable	Sjálfbær
Volunteer	Sjálfboðaliði
Water	Vatn

Countries #2
Löndum #2

Albania	Albanía
Denmark	Danmörk
Ethiopia	Eþíópía
Greece	Grikkland
Haiti	Haítí
Jamaica	Jamaíka
Japan	Japan
Laos	Laos
Lebanon	Líbanon
Liberia	Líbería
Mexico	Mexíkó
Nepal	Nepal
Nigeria	Nígería
Pakistan	Pakistan
Russia	Rússland
Somalia	Sómalía
Sudan	Súdan
Syria	Sýrland
Uganda	Úganda
Ukraine	Úkraína

Dance
Dansa

Academy	Háskóli
Art	List
Body	Líkami
Choreography	Kóreógraf
Classical	Klassíska
Cultural	Menningar
Culture	Menning
Emotion	Tilfinning
Expressive	Svipmikill
Grace	Náð
Joyful	Glaður
Jump	Hoppa
Movement	Samtök
Music	Tónlist
Partner	Félagi
Rehearsal	Æfing
Rhythm	Taktur
Traditional	Hefðbundin
Visual	Sjónræn

Days and Months
Dagar og Mánuðir

April	Apríl
August	Ágúst
Calendar	Dagatal
February	Febrúar
Friday	Föstudagur
January	Janúar
July	Júlí
March	Mars
Monday	Mánudagur
Month	Mánuður
November	Nóvember
October	Október
Saturday	Laugardagur
September	September
Sunday	Sunnudagur
Thursday	Fimmtudagur
Tuesday	Þriðjudagur
Wednesday	Miðvikudagur
Week	Vika
Year	Ár

Dinosaurs
Risaeðlur

Carnivore	Kjötæta
Disappearance	Hvarf
Earth	Jörð
Enormous	Gífurlegur
Evolution	Þróun
Herbivore	Jurtaæta
Large	Stór
Mammoth	Mammoth
Omnivore	Omnivore
Powerful	Öflugur
Prehistoric	Forsögulegum
Prey	Bráð
Reptile	Skriðdýr
Size	Stærð
Species	Tegund
Tail	Hali
Vicious	Grimmur
Wings	Vængi

Driving
Akstur

Accident	Slys
Brakes	Bremsur
Car	Bíll
Danger	Hætta
Driver	Bílstjóri
Fuel	Eldsneyti
Garage	Bílskúr
Gas	Gas
License	Leyfi
Map	Kort
Motor	Mótor
Motorcycle	Mótorhjól
Pedestrian	Gangandi
Police	Lögreglan
Road	Vegur
Safety	Öryggi
Speed	Hraði
Traffic	Umferð
Truck	Vörubíll
Tunnel	Göng

Ecology
Vistfræði

Climate	Veðurfar
Communities	Samfélög
Diversity	Fjölbreytni
Drought	Þurrkar
Fauna	Dýralíf
Flora	Flora
Global	Alþjóðlegt
Habitat	Búsvæði
Marine	Sjávar
Marsh	Marsh
Mountains	Fjöll
Natural	Náttúrulegt
Nature	Náttúran
Plants	Plöntur
Resources	Auðlindir
Species	Tegund
Survival	Lifun
Sustainable	Sjálfbær
Vegetation	Gróður

Emotions
Tilfinningar

Anger	Reiði
Bliss	Sæla
Boredom	Leiðindi
Calm	Logn
Content	Efni
Embarrassed	Vandræðalegur
Excited	Spennt
Fear	Ótti
Grateful	Þakklátur
Joy	Gleði
Kindness	Góðvild
Love	Ást
Peace	Friður
Relaxed	Afslappaður
Relief	Léttir
Sadness	Sorg
Satisfied	Fullnægt
Sympathy	Samúð
Tenderness	Eymsli
Tranquility	Ró

Exploration
Könnun

Activity	Virkni
Animals	Dýr
Courage	Hugrekki
Cultures	Menningu
Determination	Ákvörðun
Discovery	Uppgötvun
Distant	Fjarlæg
Excitement	Spennan
Exhaustion	Mæði
Language	Tungumál
New	Nýtt
Perilous	Hættulegur
Quest	Leit
Space	Rúm
Terrain	Landslagi
To Learn	Að Læra
Travel	Ferðast
Unknown	Óþekkt
Wild	Villt

Family
Fjölskylda

Ancestor	Forfaðir
Aunt	Frænka
Brother	Bróðir
Child	Barn
Childhood	Barnæska
Children	Börn
Daughter	Dóttir
Father	Faðir
Grandchild	Barnabarn
Grandfather	Afi
Grandmother	Amma
Husband	Eiginmaður
Maternal	Móður
Mother	Móðir
Nephew	Frændi
Paternal	Ingar
Sister	Systir
Twins	Tvíburar
Uncle	Frændi
Wife	Eiginkona

Farm #1
Bær #1

Agriculture	Landbúnaður
Bee	Bí
Bison	Vísundur
Calf	Kálfur
Cat	Köttur
Chicken	Kjúklingur
Cow	Kýr
Crow	Kráka
Dog	Hundur
Donkey	Asni
Fence	Girðing
Fertilizer	Áburður
Field	Engi
Goat	Geit
Hay	Hey
Honey	Hunang
Horse	Hestur
Rice	Hrísgrjón
Seeds	Fræ
Water	Vatn

Farm #2
Bær #2

Animals	Dýr
Barley	Bygg
Barn	Hlöðu
Corn	Korn
Duck	Önd
Farmer	Bóndi
Food	Matur
Fruit	Ávöxtur
Irrigation	Áveitu
Lamb	Lamb
Llama	Lamadýr
Meadow	Engi
Milk	Mjólk
Orchard	Aldingarður
Sheep	Kind
Shepherd	Hirðir
Tractor	Dráttarvél
Vegetable	Grænmeti
Wheat	Hveiti
Windmill	Vindmylla

Fishing
Veiðar

Bait	Beita
Basket	Karfa
Beach	Fjara
Boat	Bátur
Cook	Elda
Equipment	Búnaður
Exaggeration	Ýkjur
Fins	Uggar
Gills	Tálkn
Hook	Krókur
Jaw	Kjálka
Lake	Stöðuvatn
Ocean	Haf
Patience	Þolinmæði
River	River
Scales	Vog
Season	Árstíð
Water	Vatn
Weight	Þyngd
Wire	Vír

Flowers
Blóm

Bouquet	Vönd
Calendula	Calendula
Clover	Smári
Daisy	Daisy
Dandelion	Fífill
Gardenia	Toga
Hibiscus	Hibiscus
Jasmine	Jasmine
Lavender	Lofnarblóm
Lilac	Líla
Lily	Lily
Magnolia	Magnolia
Orchid	Orchid
Passionflower	Ástríðublóm
Peony	Peony
Petal	Krónublað
Plumeria	Plumeria
Poppy	Poppy
Sunflower	Sólblóm
Tulip	Túlipan

Food #1
Matur #1

Apricot	Apríkósa
Barley	Bygg
Basil	Basil
Carrot	Gulrót
Cinnamon	Kanil
Garlic	Hvítlaukur
Juice	Safa
Lemon	Sítrónu
Milk	Mjólk
Onion	Laukur
Peanut	Hnetu
Pear	Pera
Salad	Salat
Salt	Salt
Soup	Súpa
Spinach	Spínat
Strawberry	Jarðarber
Sugar	Sykur
Tuna	Túnfiskur
Turnip	Næpa

Food #2
Matur #2

Apple	Epli
Artichoke	Artihoke
Banana	Banani
Broccoli	Spergilkál
Celery	Sellerí
Cheese	Ostur
Cherry	Kirsuber
Chicken	Kjúklingur
Chocolate	Súkkulaði
Egg	Egg
Eggplant	Eggaldin
Fish	Fiskur
Grape	Vínber
Ham	Skinka
Kiwi	Kíví
Mushroom	Sveppir
Rice	Hrísgrjón
Tomato	Tómat
Wheat	Hveiti
Yogurt	Jógúrt

Fruit
Ávextir

Apple	Epli
Apricot	Apríkósa
Avocado	Avókadó
Banana	Banani
Berry	Ber
Cherry	Kirsuber
Coconut	Kókoshneta
Fig	Mynd
Grape	Vínber
Guava	Guava
Kiwi	Kíví
Lemon	Sítrónu
Mango	Mangó
Melon	Melóna
Nectarine	Nectarine
Papaya	Papaya
Peach	Ferskja
Pear	Pera
Pineapple	Ananas
Raspberry	Hindberjum

Furniture
Húsgögn

Armchair	Hægindastóll
Bed	Rúm
Bench	Bekkur
Bookcase	Bókaskápur
Chair	Stól
Comforters	Hugga
Couch	Sófanum
Curtains	Gluggatjöld
Cushions	Púðar
Desk	Skrifborð
Dresser	Kommóða
Hammock	Hengirúm
Lamp	Lampi
Mattress	Dýna
Mirror	Spegill
Pillow	Koddi
Rug	Gólfmotta
Shelves	Hillur

Garden
Garðinum

Bench	Bekkur
Bush	Bush
Fence	Girðing
Flower	Blóm
Garage	Bílskúr
Garden	Garður
Grass	Gras
Hammock	Hengirúm
Hose	Slönguna
Lawn	Grasflöt
Orchard	Aldingarður
Pond	Tjörn
Rake	Hrífa
Rocks	Steinar
Shovel	Moka
Terrace	Verönd
Trampoline	Trampólín
Tree	Tré
Vine	Vínviður
Weeds	Illgresi

Geography
Landafræði

Altitude	Hæð
Atlas	Atlas
City	Borg
Continent	Álfunni
Country	Land
Hemisphere	Jarðar
Island	Eyja
Latitude	Breidd
Map	Kort
Meridian	Meridian
Mountain	Fjall
North	Norður
Ocean	Haf
Region	Svæði
River	River
Sea	Sjó
South	Suður
Territory	Yfirráðasvæði
West	Vestur
World	Heimur

Geology
Jarðfræði

Acid	Sýra
Calcium	Kalsíum
Cavern	Helli
Continent	Álfunni
Coral	Kórall
Crystals	Kristallar
Cycles	Hringrás
Earthquake	Jarðskjálfti
Erosion	Rof
Geyser	Goshver
Lava	Hraun
Layer	Lag
Minerals	Steinefni
Plateau	Hálendi
Quartz	Kvars
Salt	Salt
Stalactite	Stalactite
Stalagmites	Stalagmites
Stone	Steinn
Volcano	Eldfjall

Hair Types
Hárið Tegundir

Bald	Sköllóttur
Black	Svart
Blond	Ljóshærður
Braided	Fléttum
Braids	Fléttur
Brown	Brúnt
Colored	Litað
Curls	Krulla
Curly	Hrokkið
Dry	Þurr
Gray	Grár
Healthy	Heilbrigður
Long	Langt
Shiny	Glansandi
Short	Stutt
Silver	Silfur
Soft	Mjúkur
Thick	Þykkur
Thin	Þunnur
White	Hvítur

Herbalism
Grasalækningar

Aromatic	Ilmandi
Basil	Basil
Beneficial	Gagnleg
Culinary	Matreiðslu
Fennel	Fennel
Flavor	Bragð
Flower	Blóm
Garden	Garður
Garlic	Hvítlaukur
Green	Grænt
Ingredient	Efni
Lavender	Lofnarblóm
Marjoram	Marjoram
Mint	Myntu
Oregano	Oregano
Parsley	Steinselja
Plant	Planta
Rosemary	Rósmarín
Saffron	Saffran
Tarragon	Estragon

Hiking
Gönguferðir

Animals	Dýr
Boots	Stígvél
Camping	Útjæða
Cliff	Bjarg
Climate	Veðurfar
Guides	Leiðsögumenn
Heavy	Þungt
Map	Kort
Mosquitoes	Moskítóflugur
Mountain	Fjall
Nature	Náttúran
Orientation	Stefnumörkun
Parks	Garður
Preparation	Undirbúningur
Stones	Steinar
Summit	Fundinum
Sun	Sól
Tired	Þreyttur
Water	Vatn
Wild	Villt

House
Húsið

Attic	Háaloftinu
Broom	Kústur
Curtains	Gluggatjöld
Door	Hurð
Fence	Girðing
Fireplace	Arinn
Floor	Hæð
Furniture	Húsgögn
Garage	Bílskúr
Garden	Garður
Keys	Lykla
Kitchen	Eldhús
Lamp	Lampi
Library	Bókasafn
Mirror	Spegill
Roof	Þak
Room	Herbergi
Shower	Sturtu
Wall	Vegg
Window	Gluggi

Human Body
Mannslíkaminn

Ankle	Ökkla
Blood	Blóð
Bones	Bein
Brain	Heili
Chin	Höku
Ear	Eyra
Elbow	Olnboga
Face	Andlit
Finger	Fingur
Hand	Hönd
Head	Höfuð
Heart	Hjarta
Jaw	Kjálka
Knee	Hné
Leg	Fótur
Mouth	Munnur
Neck	Háls
Nose	Nef
Shoulder	Öxl
Skin	Húð

Insects
Skordýr

Ant	Maur
Aphid	Plöntulús
Bee	Bí
Beetle	Bjalla
Butterfly	Fiðrildi
Cicada	Cicada
Cockroach	Kakkalakki
Dragonfly	Dragonfly
Flea	Fló
Grasshopper	Graskúla
Hornet	Hornet
Ladybug	Frípur
Larva	Lirva
Locust	Engisprettur
Mantis	Mantis
Mosquito	Fluga
Moth	Möl
Termite	Termite
Wasp	Geitungur
Worm	Ormur

Kitchen
Eldhús

Apron	Svuntu
Bowl	Skál
Chopsticks	Pinnar
Cups	Bolla
Food	Matur
Forks	Forks
Freezer	Frysti
Grill	Grill
Jar	Krukku
Jug	Könnu
Kettle	Ketill
Knives	Hnífa
Napkin	Servíetta
Oven	Ofn
Recipe	Uppskrift
Refrigerator	Ísskápur
Spices	Krydd
Sponge	Svampur
Spoons	Skeiðar
To Eat	Að Borða

Landscapes
Landslag

Beach	Fjara
Cave	Helli
Desert	Eyðimörk
Geyser	Goshver
Glacier	Jökull
Hill	Hæð
Iceberg	Ísberg
Island	Eyja
Lake	Stöðuvatn
Mountain	Fjall
Oasis	Vin
Ocean	Haf
Peninsula	Skagi
River	River
Sea	Sjó
Swamp	Mýri
Tundra	Tundra
Valley	Dalur
Volcano	Eldfjall
Waterfall	Foss

Literature
Bókmenntir

Analogy	Líkingar
Analysis	Greining
Anecdote	E.
Author	Höfundur
Biography	Ævisaga
Comparison	Samanburður
Conclusion	Niðurstaða
Description	Lýsing
Dialogue	Umræðu
Fiction	Skáldskapur
Metaphor	Myndlíking
Narrator	Sögumaður
Novel	Skáldsaga
Poem	Ljóð
Poetic	Ljóðræn
Rhyme	Rím
Rhythm	Taktur
Style	Stíl
Theme	Þema
Tragedy	Harmleikur

Mammals
Spendýr

Bear	Björn
Beaver	Beaver
Bull	Naut
Cat	Köttur
Coyote	Sléttuúlfur
Dog	Hundur
Dolphin	Höfrungur
Elephant	Fíl
Fox	Refur
Giraffe	Gíraffi
Gorilla	Górilla
Horse	Hestur
Kangaroo	Kengúra
Lion	Ljón
Monkey	Api
Rabbit	Kanína
Sheep	Kind
Whale	Hvalur
Wolf	Úlfur
Zebra	Zebra

Math
Stærðfræði

Angles	Horn
Arithmetic	Tölur
Circumference	Ummál
Decimal	Aukastaf
Diameter	Þvermál
Division	Deild
Equation	Jafna
Exponent	Veldisvísir
Fraction	Brot
Geometry	Rúmfræði
Parallel	Samhliða
Parallelogram	Hjálíðalogram
Perimeter	Jaðar
Polygon	Marghyrning
Radius	Radíus
Rectangle	Rétthyrningur
Square	Ferningur
Symmetry	Samhverfu
Triangle	Þríhyrningur
Volume	Bindi

Measurements
Mælingar

Byte	Bæti
Centimeter	Sentimetr
Decimal	Aukastaf
Degree	Gráða
Depth	Dýpt
Gram	Gramm
Height	Hæð
Inch	Tommu
Kilogram	Kíló
Kilometer	Kílómetra
Length	Lengd
Liter	Lítri
Mass	Messi
Meter	Mælir
Minute	Mínúta
Ounce	Únsa
Ton	Tonn
Volume	Bindi
Weight	Þyngd
Width	Breidd

Meditation
Hugleiðsla

Acceptance	Samþykki
Awake	Vakandi
Breathing	Öndun
Calm	Logn
Clarity	Skýrleiki
Compassion	Samúð
Emotions	Tilfinningar
Gratitude	Þakklæti
Habits	Venja
Kindness	Góðvild
Mental	Andlegt
Mind	Huga
Movement	Samtök
Music	Tónlist
Nature	Náttúran
Peace	Friður
Perspective	Sjónarhorni
Silence	Þögn
Thoughts	Hugsanir
To Learn	Að Læra

Musical Instruments
Hljóðfæri

Banjo	Banjó
Bassoon	Fagott
Cello	Selló
Clarinet	Klarinett
Drum	Tromma
Flute	Flautu
Gong	Gong
Guitar	Gítar
Harmonica	Munnhörpu
Harp	Harpa
Mandolin	Mandólín
Marimba	Marimba
Oboe	Óbó
Percussion	Slagverk
Piano	Píanó
Saxophone	Saxófón
Tambourine	Bumbur
Trombone	Básúna
Trumpet	Trompet
Violin	Fiðlu

Mythology
Goðafræði

Archetype	Arketype
Behavior	Hegðun
Beliefs	Viðhorf
Creation	Sköpun
Creature	Skepna
Culture	Menning
Disaster	Hörmung
Heaven	Himnaríki
Hero	Hetja
Immortality	Ódauðleika
Jealousy	Öfund
Labyrinth	Völundarhús
Legend	Þjóðsaga
Lightning	Elding
Monster	Skrímsli
Mortal	Dauðleg
Revenge	Hefnd
Strength	Styrkur
Thunder	Þrumur
Warrior	Stríðsmaður

Nature
Náttúran

Animals	Dýr
Arctic	Arktískur
Beauty	Fegurð
Bees	Býflugur
Cliffs	Klettar
Clouds	Ský
Desert	Eyðimörk
Dynamic	Kvik
Erosion	Rof
Fog	Þoka
Foliage	Sm
Forest	Skógur
Glacier	Jökull
Peaceful	Friðsælt
River	River
Sanctuary	Helgidómur
Serene	Serene
Tropical	Tropical
Vital	Líflegt
Wild	Villt

Numbers
Tölur

Decimal	Aukastaf
Eight	Átta
Eighteen	Átján
Fifteen	Fimmtán
Five	Fimm
Four	Fjórir
Fourteen	Fjórtán
Nine	Níu
Nineteen	Nítján
One	Einn
Seven	Sjö
Seventeen	Sautján
Six	Sex
Sixteen	Sextán
Ten	Tíu
Thirteen	Þrettán
Three	Þrír
Twelve	Tólf
Twenty	Tuttugu
Two	Tveir

Nutrition
Næringu

Appetite	Matarlyst
Balanced	Rólegur
Bitter	Bitur
Calories	Hitaeiningar
Carbohydrates	Kolvetni
Diet	Mataræði
Digestion	Melting
Edible	Ætur
Fermentation	Gerjun
Flavor	Bragð
Habits	Venja
Health	Heilsa
Healthy	Heilbrigður
Nutrient	Næringarefni
Proteins	Prótein
Quality	Gæði
Sauce	Sósa
Toxin	Eiturefni
Vitamin	Vítamín
Weight	Þyngd

Ocean
Haf

Algae	Þörunga
Coral	Kórall
Crab	Krabbi
Dolphin	Höfrungur
Eel	Áll
Fish	Fiskur
Jellyfish	Marglytta
Octopus	Kolkrabbi
Oyster	Ostra
Reef	Rif
Salt	Salt
Seaweed	Þang
Shark	Hákarl
Shrimp	Rækja
Sponge	Svampur
Storm	Stormur
Tides	Sjávarföll
Tuna	Túnfiskur
Turtle	Skjaldbaka
Whale	Hvalur

Pets
Gæludýr

Cat	Köttur
Claws	Klær
Collar	Kraga
Cow	Kýr
Dog	Hundur
Fish	Fiskur
Food	Matur
Goat	Geit
Hamster	Hamstur
Kitten	Kettlingur
Leash	Taumur
Lizard	Eðla
Mouse	Mús
Parrot	Páfagaukur
Puppy	Hvolpur
Rabbit	Kanína
Tail	Hali
Turtle	Skjaldbaka
Veterinarian	Dýralæknir
Water	Vatn

Pirates
Sjóræningjar

Adventure	Ævintýri
Anchor	Akkeri
Bad	Slæmt
Beach	Fjara
Captain	Kaptein
Cave	Helli
Coins	Mynt
Compass	Áttavita
Crew	Áhöfn
Danger	Hætta
Flag	Fána
Gold	Gull
Island	Eyja
Legend	Þjóðsaga
Map	Kort
Parrot	Páfagaukur
Rum	Romm
Scar	Ör
Sword	Sverð
Treasure	Fjársjóður

Plants
Plöntur

Bamboo	Bambus
Bean	Baun
Berry	Ber
Botany	Grasafræði
Bush	Bush
Cactus	Kaktus
Fertilizer	Áburður
Flora	Flora
Flower	Blóm
Foliage	Sm
Forest	Skógur
Garden	Garður
Grass	Gras
Ivy	Ivy
Moss	Moss
Petal	Krónublað
Root	Rót
Stem	Stilkur
Tree	Tré
Vegetation	Gróður

Professions #1
Störfum #1

Ambassador	Sendiherra
Artist	Listamaður
Athlete	Íþróttamaður
Attorney	Lögmaður
Banker	Bankastjóri
Coach	Þjálfari
Dancer	Dansari
Doctor	Læknir
Editor	Ritstjóri
Geologist	Jarðfræðingur
Hunter	Veiðimaður
Jeweler	Skartgripir
Lawyer	Lögfræðingur
Mechanic	Vélvirki
Pianist	Píanóleikari
Psychologist	Sálfræðingur
Sailor	Sjómaður
Scientist	Vísindamaður
Tailor	Klæðskeri
Veterinarian	Dýralæknir

Professions #2
Störfum #2

Astronaut	Geimfari
Biologist	Líffræðingur
Chemist	Efnafræðingur
Dentist	Tannlækni
Detective	Einkaspæjara
Engineer	Verkfræðingur
Farmer	Bóndi
Illustrator	Teiknari
Investigator	Rannsakanda
Journalist	Blaðamaður
Painter	Málari
Philosopher	Heimspekingur
Photographer	Ljósmyndari
Physician	Lækni
Pilot	Flugmaður
Professor	Prófessor
Researcher	Rannsóknir
Surgeon	Skurðlækni
Teacher	Kennari
Zoologist	Dýrafræðingur

Rainforest
Regnskógur

Amphibians	Froskdýr
Birds	Fuglar
Botanical	Botanical
Climate	Veðurfar
Clouds	Ský
Community	Samfélag
Diversity	Fjölbreytni
Indigenous	Frumbyggja
Insects	Skordýr
Jungle	Frumskógur
Mammals	Spendýr
Moss	Moss
Nature	Náttúran
Preservation	Varðveislu
Refuge	Athvarf
Respect	Virðing
Restoration	Endurreisn
Species	Tegund
Survival	Lifun
Valuable	Dýrmætur

Restaurant #1
Veitingastaður #1

Allergy	Ofnæmi
Bowl	Skál
Bread	Brauð
Cashier	Gjaldkeri
Chicken	Kjúklingur
Coffee	Kaffi
Dessert	Eftirréttur
Food	Matur
Ingredients	Hráefni
Kitchen	Eldhús
Knife	Hníf
Meat	Kjöt
Menu	Matseðill
Napkin	Servíetta
Plate	Diskur
Reservation	Pöntun
Sauce	Sósa
Spicy	Sterkan
To Eat	Að Borða

Restaurant #2
Veitingastaður #2

Beverage	Drykkur
Cake	Kaka
Chair	Stól
Delicious	Ljúffengur
Dinner	Kvöldmatur
Eggs	Egg
Fish	Fiskur
Fork	Gaffal
Fruit	Ávöxtur
Ice	Ís
Lunch	Hádegisverður
Noodles	Núðlur
Salad	Salat
Salt	Salt
Soup	Súpa
Spices	Krydd
Spoon	Skeið
Vegetables	Grænmeti
Waiter	Þjónn
Water	Vatn

School #1
Skólanum #1

Alphabet	Stafrófið
Answers	Svör
Books	Bækur
Chair	Stól
Classroom	Skólastofa
Desk	Skrifborð
Exams	Próf
Folders	Möppur
Friends	Vinir
Fun	Gaman
Library	Bókasafn
Lunch	Hádegisverður
Markers	Merkjum
Math	Stærðfræði
Numbers	Tölur
Paper	Pappír
Pencil	Blýantur
Pens	Penna
Teacher	Kennari
To Learn	Að Læra

School #2
Skólanum #2

Academic	Akademískt
Activities	Starfsemi
Backpack	Bakpoki
Books	Bækur
Bus	Rútu
Calendar	Dagatal
Computer	Tölvu
Dictionary	Orðabók
Education	Menntun
Eraser	Strokleður
Grammar	Málfræði
Library	Bókasafn
Literature	Bókmenntir
Paper	Pappír
Pencil	Blýantur
Science	Vísindi
Scissors	Skæri
Supplies	Vistir
Teacher	Kennari
Weekends	Helgar

Science
Vísindi

Atom	Atóm
Chemical	Efni
Climate	Veðurfar
Data	Gögn
Evolution	Þróun
Experiment	Tilraun
Fact	Staðreynd
Gravity	Þyngdarafl
Hypothesis	Tilgáta
Method	Aðferð
Minerals	Steinefni
Molecules	Sameindir
Nature	Náttúran
Observation	Athugun
Organism	Lífveru
Particles	Agnir
Physics	Eðlisfræði
Plants	Plöntur
Scientist	Vísindamaður

Science Fiction
Vísindaskáldskapur

Atomic	Lotukerfinu
Books	Bækur
Chemicals	Efni
Cinema	Kvikmyndahús
Clones	Klón
Dystopia	Dystópía
Explosion	Sprenging
Extreme	Extreme
Fantastic	Frábær
Fire	Eldur
Galaxy	Galaxy
Illusion	Blekking
Imaginary	Ímyndað
Mysterious	Dularfullur
Oracle	Véfrétt
Planet	Reikistjarna
Robots	Vélmenni
Technology	Tækni
Utopia	Útópía
World	Heimur

Scientific Disciplines
Vísindalegum Greinum

Anatomy	Líffærafræði
Astronomy	Stjörnufræði
Biochemistry	Lífefnafræði
Biology	Líffræði
Botany	Grasafræði
Chemistry	Efnafræði
Ecology	Vistfræði
Geology	Jarðfræði
Immunology	Ónæmisfræði
Kinesiology	Hreyfifræði
Linguistics	Málvísindi
Mechanics	Vélfræði
Meteorology	Veðurfræði
Mineralogy	Steindafræði
Neurology	Taugafræði
Physiology	Lífeðlisfræði
Psychology	Sálfræði
Sociology	Félagsfræði
Thermodynamics	Varmafræði
Zoology	Dýrafræði

Shapes
Form

Arc	Arc
Circle	Hring
Cone	Keila
Corner	Horn
Cube	Teningur
Curve	Ferill
Cylinder	Strokka
Edges	Brúnir
Ellipse	Sporbaug
Hyperbola	Hyperbola
Line	Lína
Oval	Sporöskjulaga
Polygon	Marghyrning
Prism	Prism
Pyramid	Pýramída
Rectangle	Rétthyrningur
Side	Hlið
Sphere	Kúla
Square	Ferningur
Triangle	Þríhyrningur

Spices
Krydd

Anise	Anís
Bitter	Bitur
Cardamom	Kardemommu
Cinnamon	Kanil
Clove	Negull
Coriander	Kóríander
Cumin	Kúmen
Curry	Karrý
Fennel	Fennel
Flavor	Bragð
Garlic	Hvítlaukur
Ginger	Engifer
Licorice	Lakkrís
Nutmeg	Múskat
Onion	Laukur
Paprika	Paprika
Saffron	Saffran
Salt	Salt
Sweet	Sætur
Vanilla	Vanillu

Sports
Íþróttir

Athlete	Íþróttamaður
Baseball	Hafnabolti
Basketball	Körfubolti
Bicycle	Reiðhjól
Championship	Úrslita
Coach	Þjálfari
Game	Leikur
Golf	Golf
Gymnasium	Íþróttahús
Gymnastics	Leikfimi
Hockey	Hokkí
Movement	Samtök
Player	Leikmaður
Referee	Dómari
Stadium	Völlinn
Team	Lið
Tennis	Tennis
To Swim	Að Synda
Winner	Sigurvegari

Summer
Sumar

Beach	Fjara
Books	Bækur
Camping	Útjæða
Diving	Köfun
Family	Fjölskylda
Food	Matur
Friends	Vinir
Games	Leikir
Garden	Garður
Home	Heim
Joy	Gleði
Leisure	Tímist
Music	Tónlist
Relaxation	Slökun
Sandals	Skó
Sea	Sjó
Stars	Stjörnur
To Swim	Að Synda
Travel	Ferðast
Vacation	Frí

Surfing
Brimbretti

Athlete	Íþróttamaður
Beach	Fjara
Beginner	Byrjandi
Champion	Meistari
Crowds	Mannfjöldi
Extreme	Extreme
Foam	Froðu
Fun	Gaman
Ocean	Haf
Popular	Vinsæll
Reef	Rif
Speed	Hraði
Spray	Úða
Stomach	Magi
Strength	Styrkur
Style	Stíl
To Swim	Að Synda
Wave	Bylgja
Weather	Veður

Technology
Tækni

Blog	Blogg
Browser	Vafra
Bytes	Bæti
Camera	Myndavél
Computer	Tölvu
Cursor	Bendill
Data	Gögn
Digital	Stafræn
File	Skrá
Font	Leturgerð
Internet	Netið
Message	Skilaboð
Research	Rannsóknir
Screen	Skjár
Security	Öryggi
Software	Hugbúnaður
Statistics	Tölfræði
Virtual	Raunverulegur
Virus	Veira

Time
Tíminn

Annual	Árlega
Before	Áður
Calendar	Dagatal
Century	Öld
Clock	Klukka
Day	Dagur
Decade	Áratugur
Early	Snemma
Future	Framtíð
Hour	Klukkustund
Minute	Mínúta
Month	Mánuður
Morning	Morgunn
Night	Nótt
Noon	Hádegi
Now	Núna
Soon	Bráðum
Today	Í Dag
Week	Vika
Year	Ár

To Fill
Til að Fylla

Bag	Taska
Barrel	Tunnu
Basket	Karfa
Bottle	Flösku
Box	Kassi
Bucket	Fötu
Crate	Rimlakassi
Drawer	Skúffa
Envelope	Umslag
Folder	Mappa
Jar	Krukku
Packet	Pakki
Pocket	Vasa
Suitcase	Ferðatösku
Tray	Bakki
Tub	Pottur
Tube	Rör
Vase	Vasi
Vessel	Skip

Tools
Verkfæri

Axe	Öxi
Cable	Kabel
Glue	Lím
Hammer	Hamar
Knife	Hníf
Ladder	Stigi
Mallet	Mallet
Pliers	Tangir
Razor	Rakvél
Rope	Reipi
Ruler	Höfðingja
Scissors	Skæri
Screw	Skrúfa
Shovel	Moka
Staple	Hefta
Stapler	Heftari
Torch	Kyndill
Wheel	Hjól

Town
Bærinn

Airport	Flugvöllur
Bakery	Bakarí
Bank	Banki
Bookstore	Bókabúð
Cafe	Kaffihús
Cinema	Kvikmyndahús
Florist	Blómabúð
Gallery	Gallerí
Hotel	Hótel
Library	Bókasafn
Market	Markaður
Museum	Safn
Pharmacy	Apótek
School	Skóli
Stadium	Völlinn
Store	Verslun
Supermarket	Matvörubúð
Theater	Leikhús
University	Háskóli
Zoo	Dýragarður

Toys
Leikföng

Airplane	Flugvél
Ball	Bolti
Bicycle	Reiðhjól
Boat	Bátur
Books	Bækur
Car	Bíll
Chess	Skák
Clay	Leir
Crafts	Handverk
Crayons	Liti
Doll	Dúkka
Drums	Trommur
Favorite	Uppáhalds
Games	Leikir
Imagination	Ímyndunarafl
Kite	Flugdreka
Puzzle	Þraut
Robot	Vélmenni
Train	Lest
Truck	Vörubíll

Vacation #2
Frí #2

Airport	Flugvöllur
Beach	Fjara
Camping	Útjæða
Destination	Áfangastaður
Foreign	Erlendum
Foreigner	Útlendingur
Holiday	Frí
Hotel	Hótel
Island	Eyja
Journey	Ferð
Leisure	Tímist
Map	Kort
Mountains	Fjöll
Passport	Vegabréf
Photos	Myndir
Sea	Sjó
Taxi	Taxi
Tent	Tjald
Train	Lest
Transportation	Samgöngur

Vegetables
Grænmeti

Artichoke	Artihoke
Broccoli	Spergilkál
Carrot	Gulrót
Cauliflower	Blómkál
Celery	Sellerí
Cucumber	Gúrku
Eggplant	Eggaldin
Garlic	Hvítlaukur
Ginger	Engifer
Mushroom	Sveppir
Onion	Laukur
Parsley	Steinselja
Pea	Pea
Pumpkin	Grasker
Radish	Ræðja
Salad	Salat
Shallot	Skalottlaukur
Spinach	Spínat
Tomato	Tómat
Turnip	Næpa

Vehicles
Ökutæki

Airplane	Flugvél
Ambulance	Sjúkrabíll
Bicycle	Reiðhjól
Boat	Bátur
Bus	Rútu
Car	Bíll
Caravan	Hjólhýsi
Engine	Vél
Ferry	Ferja
Helicopter	Þyrla
Motor	Mótor
Raft	Fleki
Rocket	Eldflaug
Scooter	Vespu
Shuttle	Skutla
Submarine	Kafbátur
Taxi	Taxi
Tires	Dekk
Tractor	Dráttarvél
Truck	Vörubíll

Virtues #1
Dyggðir #1

Artistic	Listrænn
Charming	Heillandi
Clean	Hreint
Confident	Öruggur
Curious	Forvitinn
Decisive	Afgerandi
Efficient	Skilvirkur
Funny	Fyndið
Generous	Örlátur
Good	Góður
Helpful	Hjálpsamur
Imaginative	Hugmyndaríkur
Independent	Óháður
Intelligent	Greindur
Modest	Hógvær
Passionate	Ástríðufullur
Patient	Sjúklingur
Practical	Hagnýt
Reliable	Árauðast
Wise	Vitur

Visual Arts
Myndlist

Architecture	Arkitektúr
Artist	Listamaður
Ceramics	Keramik
Chalk	Krít
Charcoal	Kol
Clay	Leir
Composition	Samsetningu
Creativity	Skráningu
Easel	Glæsla
Film	Kvikmynd
Masterpiece	Meistaraverk
Painting	Málverk
Pen	Penni
Pencil	Blýantur
Perspective	Sjónarhorni
Photograph	Ljósmynd
Portrait	Portret
Sculpture	Höggmynd
Stencil	L
Wax	Vax

Water
Vatni

Canal	Síkur
Damp	Rökum
Drinkable	Drykkjarhæft
Evaporation	Uppgufun
Flood	Flóð
Frost	Frost
Geyser	Geysir
Humidity	Raki
Hurricane	Fellibylur
Ice	Ís
Irrigation	Áveitu
Lake	Lake
Monsoon	Monsún
Ocean	Haf
Rain	Rigning
River	River
Shower	Sturtu
Snow	Snjór
Steam	Gufu
Waves	Öldur

Weather
Veður

Atmosphere	Stjórnmál
Breeze	Gola
Climate	Veðurfar
Cloud	Ský
Drought	Þurrkar
Dry	Þurrt
Fog	Þóka
Hurricane	Fellibylur
Ice	Ís
Lightning	Elding
Monsoon	Monsún
Polar	Polar
Rainbow	Regnbogi
Sky	Himinn
Storm	Stormur
Temperature	Hitastig
Thunder	Þrumur
Tornado	Tornado
Tropical	Tropical
Wind	Vindur

Congratulations

You made it!

We hope you enjoyed this book as much as we enjoyed making it. We do our best to make high quality games.
These puzzles are designed in a clever way for you to learn actively while having fun!

Did you love them?

A Simple Request

Our books exist thanks your reviews. Could you help us by leaving one now?

Here is a short link which will take you to your order review page:

BestBooksActivity.com/Review50

MONSTER CHALLENGE!

Challenge #1

Ready for Your Bonus Game? We use them all the time but they are not so easy to find. Here are **Synonyms**!

Note 5 words you discovered in each of the Puzzles noted below (#21, #36, #76) and try to find 2 synonyms for each word.

Note 5 Words from *Puzzle 21*

Words	Synonym 1	Synonym 2

Note 5 Words from *Puzzle 36*

Words	Synonym 1	Synonym 2

Note 5 Words from *Puzzle 76*

Words	Synonym 1	Synonym 2

Challenge #2

Now that you are warmed-up, note 5 words you discovered in each Puzzle noted below (#9, #17, #25) and try to find 2 antonyms for each word. How many lines can you do in 20 minutes?

Note 5 Words from **Puzzle 9**

Words	Antonym 1	Antonym 2

Note 5 Words from **Puzzle 17**

Words	Antonym 1	Antonym 2

Note 5 Words from **Puzzle 25**

Words	Antonym 1	Antonym 2

Challenge #3

Wonderful, this monster challenge is nothing to you!

Ready for the last one? Choose your 10 favorite words discovered in any of the Puzzles and note them below.

1.	6.
2.	7.
3.	8.
4.	9.
5.	10.

Now, using these words and within a maximum of six sentences, your challenge is to compose a text about a person, animal or place that you love!

Tip: You can use the last blank page of this book as a draft!

Your Writing:

Explore a Unique Store
Set Up **FOR YOU!**

NOTEBOOK:

SEE YOU SOON!

Linguas Classics Team